토픽으로 잡는

똑똑한 초등 독해 2권

웅진주니어

독해력은 새로운 정보와 지식을 받아들이는 도구로서 학습 능력을 좌우하는 중요한 능력이에요. 단순히 글자를 읽는 것이 아니라 글에 담긴 글쓴이의 의도를 파악하고, 글을 통해 알게 된 내용을 생활에 활용하는 능력까지 포함해요. 독해력의 바탕은 세 가지예요. 첫째, 어휘력이에요. 어휘는 글의 기본 요소로, 어휘의 뜻을 모르면 글의 내용을 알 수 없어요. 따라서 어휘를 많이 알수록 독해력이 좋아져요. 둘째, 배경지식이에요. 배경지식이 풍부하면 글에 숨겨진 의도와 생각을 짐작할 수 있어, 글을 더 재미있고 효과적으로 읽을 수 있어요. 셋째, 글의 종류에 적합한 읽기 방법이에요. 글의 갈래에 따라 주제를 찾는 방법도 다르기 때문에 갈래마다 알맞은 읽기 방법을 알아야 해요. 「토픽으로 잡는 똑똑한 초등 독해」는 어휘, 배경지식, 갈래에 따른 읽기 방법을 익힐 수 있도록 구성했어요.

이 책의 특징

 읽고, 이해하고, 알아 가는 즐거움이 있는
새로운 독해 프로그램!

낱낱의 주제를 가진 지문을 읽고 문제를 푸는 방식에서 벗어나 하나의 토픽을 중심으로 다양한 영역의 지문을 담았습니다. 토픽을 다양한 관점에서 살펴보고, 탐색하는 과정에서 읽고, 이해하고, 알아 가는 즐거움을 느낄 수 있어요.

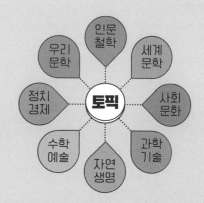

 호기심을 자극하는 토픽으로
교과를 넘어 교양까지!

국어, 수학, 사회, 과학 등의 교과와 추천 도서에서 뽑은 인문, 철학, 사회, 문화, 자연, 과학, 수학, 예술 등 여러 영역을 아우르는 토픽을 통해 교과 지식은 물론 폭넓은 교양을 쌓을 수 있어요.

함께 공부할 친구들

하트 ·
자연을 사랑하고
마음이 따뜻한 다정이

부키 ·
항상 책을 끼고 다니며,
정보를 모으는 수집가

뉴뉴
신기하고 새로운 것을
좋아하는 호기심쟁이

스타
세상에서 음악과 친구가
제일 좋은 열정쟁이

드림
세상의 모든 아름다움을
마음에 담고 싶은 예술쟁이

꼬리에 꼬리를 물고 이어지는 글을 읽으며
독해력, 사고력, 표현력을 한 번에!

꼬리 물기 질문을 통해 독해 포인트를 알고 효과적으로 글을 읽을 수 있어요. 또 토픽에 대한 생각을 글로 표현하며 독해력과 사고력, 표현력을 키울 수 있어요.

글의 종류에 알맞은 핵심 질문을 통해
어떤 글도 자신 있게!

신화, 고전, 명작 등의 문학 글과 설명문, 논설문, 편지, 일기 등의 비문학 글까지 다양한 형식의 글을 접하고 읽는 즐거움을 경험해요. 여러 형식의 문제를 풀며 어떤 글이든 읽어 내는 자신감을 키워요.

독해력의 기초인 어휘력을 탄탄하게!

한자어, 합성어, 파생어, 유의어, 반의어, 상·하의어처럼 어휘 관계를 통해 어휘를 익히고, 관용 표현, 맞춤법도 배워요.

이렇게 공부해요!

1 단계 흥미로운 토픽으로 생각의 문을 열다!
토픽에 관련한 다양한 질문을 읽으며 배경지식을 활성화하고, 학습 계획을 세워요!

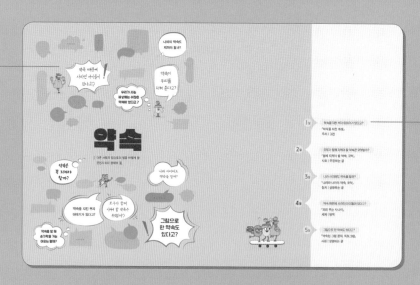

질문을 읽으며 토픽에 대해 알고 있는 것을 떠올려 봐! 아는 것을 많이 떠올릴수록 글을 더 잘 읽을 수 있어!

날마다 읽게 될 글의 갈래와 제목을 살펴보며 공부 계획을 세워 봐!

2 단계 질문에 대한 답을 찾으며 생각을 키우다!
읽기 목표에 따라 글을 읽고, 질문을 통해 갈래에 알맞은 읽기 방법을 배워요!

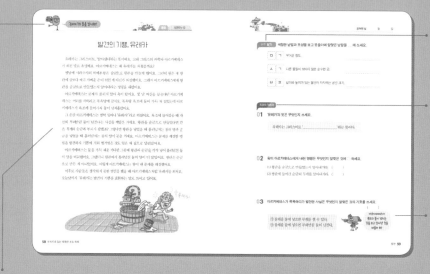

글에서 꼭 살펴야 할 내용이 무엇인지 먼저 보고, 읽기의 목표를 세워 봐!

글의 중심 내용이 무엇인지 생각하며 차근차근 글을 읽어 봐!

뜻풀이를 보며 어휘를 맞혀 봐! 초성을 보면 쉽게 답을 찾을 수 있어!

글의 갈래에 따라 꼭 알아야 할 것을 묻는 문제야. 질문에 대한 답을 찾으며 독해력을 키워 봐!

곳곳에 도움을 주는 친구가 있어! 친구가 하는 말을 읽으면 문제가 술술 풀릴 거야!

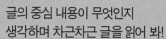

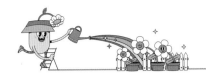

어휘 알기 색칠한 낱말과 초성을 보고 뜻풀이에 알맞은 낱말을 ＿＿에 쓰세요.

| ㄱ | ㅈ | 같은 목적에 대해 이기거나 앞서려고 서로 겨룸.

＿＿＿＿＿＿＿＿＿＿

| ㅇ | ㅈ | ㄹ | 생계를 꾸려 나갈 수 있는 수단으로서의 직업.

＿＿＿＿＿＿＿＿＿＿

| ㅇ | ㄱ | ㅈ | ㄴ | 인간의 지능이 가지는 학습 능력을 갖춘 컴퓨터 시스템.

＿＿＿＿＿＿＿＿＿＿

독해력 기르기

01 이 글에서 글쓴이가 걱정하고 있는 것은 무엇인가요? 알맞은 말에 ○ 하세요.

여러 분야에서 사람의 일을 대신하는 (동물 , 인공 지능) 때문에 사람들이 일자리를 잃는 것.

02 글쓴이가 주장하는 것은 무엇인가요? (　　　　)

① 여행을 많이 다니자.　　　　② 호기심을 키우자.

③ 인공 지능과 경쟁하자.　　　　④ 좋아하는 일을 열심히 하자.

⑤ 지나친 호기심을 조심하자.

03 이 글의 내용으로 알맞은 것에 ○ 하세요.

(1) 호기심은 노력을 통해 키울 수 있다. 　　　　　(　　)

(2) 호기심은 특별한 사람들만이 가진 능력이다. 　　(　　)

(3) 인공 지능은 인간보다 뛰어난 호기심을 가지고 있다. (　　)

04 글쓴이의 주장을 뒷받침하는 내용으로 알맞으면 ○, 알맞지 않으면 ✕ 하세요.

(1) 여행을 가서 경험하는 일들이 호기심을 자극할 수 있다. (　　　)

(2) 새로운 정보를 믿지 않고 내가 이미 알고 있는 것이 옳다고 믿어야 호기심을
키울 수 있다. (　　　)

(3) 좋아하는 분야뿐만 아니라 다양한 분야에 관심을 갖다 보면 새로운 호기심을
가질 수 있다. (　　　)

05 글쓴이의 의견을 바르게 실천한 친구에 ○ 하세요.

(1)
이미 알고 있는 것에 대해 더 깊이 배우기 위해 책을 읽었어.

(2)
나와 관심 분야가 다른 친구의 이야기를 주의 깊게 듣지 않았어.

06 이 글의 내용을 요약했어요. 빈칸에 들어갈 알맞은 말을 쓰세요.

문제 상황	미래에는 사람이 인공 지능과 일자리를 두고 경쟁을 벌이게 될 수도 있다.
주장	인공 지능과의 경쟁에서 살아남기 위해 ①□□□을 키우자.
실천 방법	• 이미 알고 있는 것에 대해 새로운 정보를 모은다. • 다양한 분야에 ②□□을 가진다. • ③□□을 통해 다양한 경험을 한다.

① ＿＿＿＿＿＿＿　② ＿＿＿＿＿＿＿　③ ＿＿＿＿＿＿＿

뜻을 더하는 말

빈칸에 알맞은 말을 써넣어 뜻에 해당하는 낱말을 완성하세요.

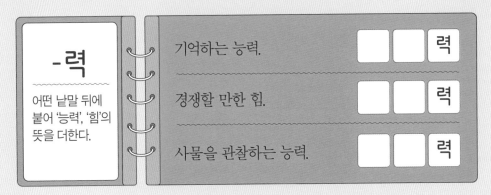

- 력	기억하는 능력.	☐ ☐ 력
어떤 낱말 뒤에 붙어 '능력', '힘'의 뜻을 더한다.	경쟁할 만한 힘.	☐ ☐ 력
	사물을 관찰하는 능력.	☐ ☐ 력

 올바른 발음

밑줄 친 말의 올바른 발음에 ○ 하세요.

(1) 추운 겨울에는 난로[날로 , 난노]를 사용한다.
(2) 인공 지능은 생활을 편리[편니 , 펼리]하게 해 준다.
(3) 재활용품을 분리[불리 , 분니]해서 버렸다.
(4) 한라산[한나산 , 할라산]은 제주도에 있다.

'ㄴ' 받침과 'ㄹ'이 만나면 'ㄴ' 받침이 [ㄹ]로 소리가 나. 난로[날로], 편리[펼리]처럼 말이야. 글을 쓸 때는 소리 나는 대로 적지 않도록 주의해야 해.

토픽 한 줄 정리   넌 어떤 방법으로 호기심을 키울래?

☐ 이미 아는 것도 새롭게 보기   ☐ 다양한 분야에 관심 갖기   ☐ 여행 가기

그 밖에 _____

도시는 어떻게
만들어질까?

옛날에도
도시가
있었을까?

도시에서의
생활은 어떤
모습일까?

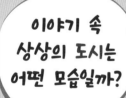

이야기 속
상상의 도시는
어떤 모습일까?

도시

| 많은 사람이 모여 살며, 일정한 지역의
정치·경제·문화의 중심이 되는 곳.

미래의 도시는
어떤 모습일까?

살기 좋은 도시를
만들기 위해서는
어떻게 해야 할까?

도시를 대표하는
것은 무엇일까?

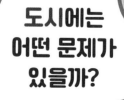

도시에는
어떤 문제가
있을까?

수원 화성을 건설한 정조

　조선의 제22대 왕인 정조는 아버지의 무덤이 있는 수원에 새로운 도시를 세우기로 했습니다. 수원은 전라도, 경상도, 충청도에서 올라오는 사람이나 물건이 한양으로 가기에 좋은 길목이었어요.

　"수원을 개발하면 상업이 발달할 것이오. 더불어 전국에서 한양으로 몰려드는 사람들을 나누는 효과가 있을 것이오."

　정조는 새로운 도시를 '화성'이라 이름 짓고 정약용에게 성을 짓게 했어요. 정약용은 그동안 지은 성들의 문제를 살피고 중국과 일본의 성을 연구하며 성을 설계했어요.

　1794년 2월, 수원 화성 공사가 시작되었습니다. 정조는 공사에 참여하는 백성들에게 반드시 품삯을 주도록 했어요. 또한 일하다가 다친 사람이 있으면 치료해 주고, 무더운 여름이나 추운 겨울에는 잠시 일을 쉬게 했어요.

　"전하께서 이렇게 배려해 주시니 일할 힘이 나는군."

　백성들은 정조의 배려에 큰 감동을 받아 더욱 열심히 일했어요.

　정조는 백성들의 일손을 덜어 주기 위해 정약용에게 거중기를 만들도록 했어요. 거중기는 도르래의 원리를 이용해 무거운 물건을 들어 올리는 기계로, 이것을 공사에 이용하면서 무거운 바윗돌도 척척 들어 올릴 수 있게 되었어요. 모두가 열심히 일하고 거중기 같은 기계를 사용한 덕분에, 화성은 원래 계획보다 훨씬 빨리 완성되었어요.

　㉠정조는 화성에 이사 오는 백성들에게 넉넉한 보상을 해 주고, 성곽에 군사들을 배치했어요. 또 성안에 시장을 두어 전국의 상인들이 찾아와 장사를 하게 했어요. 그는 화성이 큰 도시로 성장해 백성들을 위한 정치를 펼칠 수 있는 바탕이 되길 바랐습니다.

어휘 알기 색칠한 낱말과 초성을 보고 뜻풀이에 알맞은 낱말을 ___에 쓰세요.

| ㅍ | ㅅ | 어떤 일을 하고 받는 물건이나 돈.

_____

| ㅅ | ㅇ | 상품을 사고팔아 이익을 얻는 일.

_____

| ㅈ | ㅎ | 조선 시대에 왕을 높여 이르거나 부르던 말.

_____

독해력 기르기

01 이 글에서 중심이 되는 내용은 무엇인지 빈칸에 알맞은 말을 쓰세요.

☐ ☐ 가 ☐ ☐ ☐ ☐ 을 건설한 일

02 이 글에서 정조가 수원에 새로운 도시를 세우려고 한 까닭을 모두 골라 ◯ 하세요.

(1) 상업을 발달시키기 위해서   (   )

(2) 다른 나라와 활발하게 교류하기 위해서   (   )

(3) 한양으로 너무 많은 사람이 몰리는 문제를 해결하기 위해서 (   )

03 이 글의 내용으로 알맞으면 ◯, 알맞지 않으면 ✕ 하세요.

(1) 정조는 정약용에게 새로운 도시의 성을 짓게 했다.   (   )

(2) 수원 화성은 원래 계획보다 늦게 완성되었다.   (   )

(3) 정조는 수원 화성 공사에 참여한 백성들을 두루 살피고 일한 대가를 주었다.

(   )

04 정조가 수원 화성 공사에서 백성들의 일손을 덜어 주기 위해 정약용에게 만들도록
한 것은 무엇인가요? (   )

① 수레   ② 벽돌   ③ 가마   ④ 거중기   ⑤ 도르래

05 정조가 ㉠과 같이 한 까닭을 바르게 말한 친구에 ○ 하세요.

(1)
> 수원 화성이
> 큰 도시로 성장하길
> 바랐기 때문이야.

(2)
> 수원 화성 공사에
> 쓴 돈을 빨리 되돌려 받고
> 싶었기 때문이야.

06 이 글의 내용을 요약했어요. 빈칸에 들어갈 알맞은 말을 쓰세요.

> 정조는 ① ⬜⬜에 새로운 도시 '화성'을 건설하기로 하고 ② ⬜⬜⬜에게 성
> 을 짓게 했다. 정조는 화성 공사에 참여하는 백성들에게 품삯을 주고 백성들
> 의 일손을 덜어 주기 위해 정약용에게 ③ ⬜⬜⬜를 만들도록 했다. 백성들
> 의 노력과 거중기 같은 기계를 사용한 덕분에 수원 화성은 계획보다 일찍 완성
> 되었다. 정조는 화성이 큰 도시로 성장하기를 바랐다.

① _____   ② _____   ③ _____

 **어휘력 더하기**

뜻이 비슷한 말

밑줄 친 말과 뜻이 비슷한 말에 ○ 하세요.

(1) 새로운 도시를 <u>세우다.</u> 〜 건설하다 | 탐험하다 | 조사하다

(2) 다른 나라의 성을 <u>연구하다.</u> 〜 정리하다 | 공부하다 | 비교하다

(3) 큰 도시로 <u>성장하다.</u> 〜 다스리다 | 계획하다 | 발전하다

헷갈리는 말

알맞은 말에 ○ 하세요.

반드시		반듯이
틀림없이 꼭. 또는 어김없이 꼭.	VS	작은 물체, 또는 생각이나 행동이 비뚤어지거나 기울지 않고 바르게.

'반드시'와 '반듯이'는 발음이 같아서 헷갈리기 쉬운 말이야. 쓰임이 헷갈린다면 '반듯하게'로 바꾸었을 때 뜻이 통하면 '반듯이'로 쓰고, 아니면 '반드시'로 쓰면 돼.

(1) 옷을 (반듯이 , 반드시) 개어 놓았다.

(2) 정조는 백성들에게 (반듯이 , 반드시) 품삯을 주도록 했다.

토픽 한 줄 정리

조선 시대 백성이 되어 정조 임금에게 하고 싶은 말이 있니?

임금님! _____

_____

도시는 어떻게 만들어질까? 궁금하면 다음 장을 넘겨 봐! >>>>>

대전이 어떻게 도시로 발달했는지 살펴봐!

사회　　대화 글

도시가 된 대전

수지　　할아버지, 한 가지 여쭈어볼 것이 있어요. 우리 고장에는 왜 '한밭'이란 말이
　　　　들어간 장소가 많아요? 한밭도서관, 한밭박물관, 그리고…….

할아버지　예전에는 대전을 '한밭'이라고 불렀거든. 한밭은 순우리말로 '크고 넓은 밭'을
　　　　뜻해. 이걸 한자로 쓰면 '클 대(大)', '밭 전(田)'이야. 한밭은 대전과 같은 뜻이지.

수지　　이름대로라면 옛날에 대전에는 넓은 밭이 많았나요?

할아버지　그렇단다. 옛날에는 대전뿐만 아니라 전국 대부분이 논밭이었고 사람들은 농
　　　　사를 짓고 살았어. 하지만 대전은 다른 곳보다 더 빨리 도시로 발달했단다.

수지　　왜요?

할아버지　교통이 발달했거든. 대전은 일찍부터 경부선 철도가 지났고, 경부 고속 도로
　　　　와 호남 고속 도로 등 주요 도로가 연결되면서 우리나라 교통의 중심지가 되
　　　　었지.

수지　　교통의 중심지가 되면 뭐가 달라지는데요?

할아버지　고장에 오가는 사람이 많아지지. 그러면 여러 가지 상점이나 시설이 생기겠
　　　　지? 회사가 많아지고 사람들의 직업도 다양해진단다.

수지　　농사를 짓던 사람들이 물건을 팔고, 자동차를 운전하는 등 다양한 일을 하게
　　　　되었겠군요.

할아버지　그렇지. 거기에 과학 기술 관련 연구소가 세워지고 나랏일을 하는 기관도 들
　　　　어서면서 오늘날의 대전이 되었단다.

수지　　할아버지 덕분에 우리 고장이 어떻게 발달해 왔는지 잘 알게 되었어요!

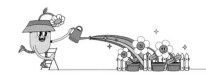

어휘 알기 색칠한 낱말과 초성을 보고 뜻풀이에 알맞은 낱말을 ___에 쓰세요.

| ㄱ | ㅈ | 사람이 많이 사는 지방이나 지역.

_____

| ㅈ | ㅅ | ㅈ | 어떤 일이나 활동의 중심이 되는 곳.

_____

| ㄱ | ㅅ | ㄷ | ㄹ | 차의 빠른 통행을 위해 만든
차 전용의 도로.

_____

독해력 기르기

01 이 글을 통해 알 수 있는 사실로 알맞지 <u>않은</u> 것은 무엇인가요? (   )

① 대전에는 '한밭'이란 말이 들어간 장소가 많다.

② 예전에는 대전을 '한밭'이라고 불렀다.

③ 한밭은 '높은 산'을 뜻하는 말이다.

④ 대전은 한자어이고 한밭은 순우리말이다.

⑤ 대전은 한밭과 같은 뜻이다.

02 대전의 옛 모습에 대한 설명으로 알맞으면 ○, 알맞지 않으면 ✕ 하세요.

(1) 넓은 밭이 많았다.   (   )

(2) 과학 기술 관련 연구소가 많았다.   (   )

(3) 농사를 짓고 사는 사람들이 많았다. (   )

03 대전이 빨리 도시로 발달할 수 있었던 까닭은 무엇인지 빈칸에 알맞은 말을 쓰세요.

| | | 이 발달했기 때문이다.

04 교통이 발달함에 따라 고장의 모습이 어떻게 달라지는지 알맞은 내용을 모두 골라 ○ 하세요.

(1) 고장에 오고 가는 사람이 많아진다.　（　　　）

(2) 사람들이 모두 똑같은 일을 하게 된다.　（　　　）

(3) 여러 가지 상점이나 시설이 많이 생긴다.　（　　　）

05 이 글의 내용을 바탕으로 오늘날 대전을 소개하는 내용으로 알맞은 것에 ○ 하세요.

(1)	(2)	(3)
바다가 아름다운 관광 도시, 대전	교통의 중심지이자 과학의 도시, 대전	전통과 예절을 간직한 도시, 대전

06 이 글의 내용을 요약했어요. 빈칸에 들어갈 알맞은 말을 쓰세요.

①□□은 대전의 옛 이름으로 '크고 넓은 밭'을 뜻한다. 옛날 대전에는 넓은 밭이 많았고 사람들은 농사를 짓고 살았다.	→	경부선 철도가 지나고 주요 고속 도로가 연결되는 등 ②□□이 발달했다.	→	여러 시설과 회사가 생기고 사람들의 직업이 다양해지며 대전은 ③□□로 발달했다.

① _____　② _____　③ _____

이름을 나타내는 말

교통과 관련 있는 말을 모두 찾아 ○ 하세요.

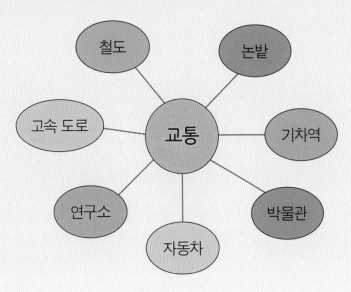

 높임 표현

올바른 높임 표현이 되도록 알맞은 말에 ○ 하세요.

(1) 할머니, (밥 , 진지) 잡수세요.

(2) 선생님의 (말 , 말씀)에 귀를 기울였다.

(3) 할아버지, (물어볼 , 여쭈어볼) 것이 있어요.

(4) 할머니, 안녕히 (주무셨어요 , 잤어요)?

높임 표현은 대상을
높이기 위한 표현 방법이야.
'진지', '말씀'과 같이 높임의 뜻이
있는 특별한 낱말을 사용해 높임
표현을 나타낼 수 있어.

토픽 한 줄 정리   네가 사는 도시(고장)에 대해 알고 싶은 것이 있니?

☐ 이름의 유래   ☐ 자랑거리   ☐ 발달 과정

그 밖에 ＿＿＿＿＿＿＿＿＿＿＿＿＿＿＿＿＿＿＿ 을(를) 알고 싶어.

 마법사가 사는 도시를 찾아간 친구들이 있대.
궁금하면 다음 장을 넘겨 봐! >>>>>

오즈의 마법사

도로시와 허수아비, 양철 나무꾼, 사자는 다시 길을 떠났어요.

얼마쯤 걷다 보니 커다란 집이 보였어요. 도로시와 친구들은 농부 가족이 사는 집에서 하룻밤 묵게 되었어요.

"모두 어디로 가는 중이니?"

농부 아저씨가 물었어요.

"마법사 오즈를 만나러 에메랄드시에 가는 중이에요."

"오즈를 만난다고? 왜 그 무시무시한 오즈를 만나려고 하는데?"

친구들은 저마다 오즈를 만나려는 까닭을 이야기했어요. 허수아비는 똑똑한 머리를 얻기 위해, 양철 나무꾼은 따뜻한 심장을, 겁쟁이 사자는 용기를 얻기 위해 오즈를 만나러 간다고 말했지요.

"저는 고향으로 돌아가게 해 달라고 부탁할 거예요."

도로시는 회오리바람에 휩쓸려 낯선 곳에 오게 된 사연을 이야기했어요.

"그래, 오즈는 뭐든 할 수 있지. 그러니 너를 고향으로 보내 줄 거야."

다음 날 아침, 도로시와 친구들은 농부 가족에게 인사를 하고 길을 나섰어요. 오후가 되자 드디어 에메랄드가 촘촘히 박힌 초록빛 성문 앞에 다다랐어요. 도로시가 큰 소리로 마법사 오즈를 만나러 왔다고 외치자, 문지기가 말했어요.

"오즈 님을 만나려면 궁궐로 가야 해요. 먼저 이 안경을 쓰세요. 에메랄드시는 모든 것이 눈부셔서 이걸 쓰지 않으면 눈이 멀어 버린답니다."

도로시와 친구들은 각자에게 꼭 맞는 안경을 쓰고 문지기를 따라 시내로 들어갔어요. 정말 도시의 모든 것이 초록빛을 띠며 눈부시게 반짝였어요. 에메랄드가 박힌 초록색 대리석으로 지은 집들이 늘어서 있고, 사람들도 모두 초록색 옷을 입고 있었어요. 거리에는 가게가 많았는데 그곳에서 파는 물건도 모두 초록색이었어요.

문지기는 도로시 일행을 에메랄드시 가운데에 있는 커다란 건물 앞으로 데리고 갔어요. 바로 위대한 마법사 오즈의 궁궐이었어요.

어휘 알기 색칠한 낱말과 초성을 보고 뜻풀이에 알맞은 낱말을 ___에 쓰세요.

| ㅇ | ㅎ | 길을 함께 가는 사람들의 무리.

_____

| ㄷ | ㄷ | ㄹ | ㄷ | 목적한 곳에 이르다.

_____

| ㅎ | ㅇ | ㄹ | ㅂ | ㄹ | 빠르게 빙빙 돌며 세차게
공중으로 올라가는 바람.

_____

독해력 기르기

01 이 글의 내용으로 알맞으면 ○, 알맞지 않으면 ✕ 하세요.

(1) 도로시와 허수아비, 양철 나무꾼, 사자는 농부의 집에서 처음 만났다. (   )

(2) 도로시와 허수아비, 양철 나무꾼, 사자는 에메랄드시에 사는 마법사 오즈를 만나려고 한다.   (   )

02 도로시와 친구들이 마법사 오즈에게 부탁하려는 일이 무엇인지 각각 선으로 이으세요.

(1) 도로시 •

(2) 허수아비 •

(3) 양철 나무꾼 •

(4) 사자 •

• (가) 용기를 갖게 해 주세요.

• (나) 따뜻한 심장을 갖게 해 주세요.

• (다) 똑똑한 머리를 갖게 해 주세요.

• (라) 고향으로 돌아갈 수 있게 해 주세요.

03 에메랄드시의 성문 앞에서 문지기가 말한 주의 사항으로 알맞은 내용에 ○ 하세요.

(1) 마법사 오즈를 만나려면 선물을 준비해야 한다.   (   )

(2) 사자와 같은 사나운 동물은 에메랄드시에 들어올 수 없다.   (   )

(3) 에메랄드시는 모든 것이 눈부시기 때문에 안경을 써야 한다. (   )

04 도로시와 친구들이 본 에메랄드시의 모습으로 알맞은 것에 ○ 하세요.

(1) (2) (3)

05 이 글의 내용을 요약했어요. 빈칸에 들어갈 알맞은 말을 쓰세요.

> 도로시와 허수아비, 양철 나무꾼, 사자는 위대한 마법사 ①□□를 만나러 에메랄드시에 갔다. 허수아비는 똑똑한 머리를, 양철 나무꾼은 따뜻한 심장을, 겁쟁이 사자는 용기를 얻기 위해 오즈를 만나려고 했다. ②□□□는 고향으로 돌아가는 방법을 알기 위해 오즈를 만나려고 했다. 도로시와 친구들이 본 에메랄드시는 모든 것이 ③□□빛을 띠며 눈부시게 반짝였다.

① _____   ② _____   ③ _____

뜻을 더하는 말

빈칸에 알맞은 말을 쓰세요.

나무	구경
사기	
소리	사냥

+

-꾼

어떤 낱말 뒤에 붙어 '어떤 일을 전문적으로 하는 사람'의 뜻을 더한다.

□□꾼	□□꾼	□□꾼
땔감으로 쓰이는 나무를 베거나 줍는 일을 하는 사람.	판소리, 민요 따위를 부르는 일을 직업으로 하는 사람.	사냥을 직업으로 하는 사람.

헷갈리는 말

알맞은 말에 ○ 하세요.

묵다	**VS**	묶다
일정한 곳에서 손님으로 머무르다.		무엇을 끈이나 줄로 한데 모아 잡아매다.

'묵다'와 '묶다'는 모양은 비슷하지만 뜻은 전혀 달라.

(1) 여행을 가서 (묶을 , 묵을) 곳을 찾았다.

(2) 끈으로 종이 뭉치를 꽁꽁 (묶었다 , 묵었다).

(3) 도로시와 친구들은 농부의 집에서 하룻밤을 (묶었다 , 묵었다).

토픽 한 줄 정리

네 상상 속에 있는 도시는 어떤 모습이니?

도시의 모습은 _____

그곳에 사는 사람들은 _____

도시를 대표하는 건축물이나 장소가 있대.
궁금하면 다음 장을 넘겨 봐! >>>>>

도시의 얼굴, 랜드마크

이집트 하면 피라미드가 떠오르는 것처럼 역사 유적지나 건축물만 봐도 우리는 어느 나라, 어느 도시인지 금방 알아차릴 수 있습니다. 이처럼 한 지역을 대표하는 장소나 건축물, 주변 경치 중에서 눈에 띄는 것을 랜드마크라고 합니다. 세계 여러 도시의 랜드마크를 살펴볼까요?

프랑스의 수도 '파리' 하면 가장 먼저 떠오르는 것은 단연 에펠 탑입니다. 에펠 탑은 1889년 프랑스의 건축가 에펠의 설계로 만들어졌는데 처음 탑이 지어질 무렵에는 도시의 풍경을 해치는 흉한 철탑이라는 비난을 받기도 했습니다. 하지만 에펠 탑은 오늘날까지도 수많은 관광객의 발길을 끄는 건축물로 남아 있습니다.

미국의 대도시 뉴욕을 상징하는 랜드마크는 자유의 여신상입니다. 이 동상은 미국의 독립 100주년을 기념해 프랑스가 미국에 선물로 준 것입니다. 지구촌에 세워진 그 어떤 동상보다도 거대한 자유의 여신상에는 자유와 희망의 의미가 담겨 있습니다.

오스트레일리아의 시드니 오페라 하우스는 시드니를 문화의 중심지로 바꾼 대표적인 랜드마크입니다. 조개껍데기를 닮은 흰색 지붕이 푸른 바다와 어우러져 그 모습이 무척 아름답습니다. 시드니 오페라 하우스는 20세기의 위대한 건축물로 꼽히며 유네스코 세계 문화유산으로 지정되기도 했습니다.

이처럼 도시의 랜드마크는 그 도시를 대표하는 얼굴이라고 할 수 있습니다. 도시의 문화를 느낄 수 있고, 시민들이 자랑스럽게 여기는 것이기도 합니다.

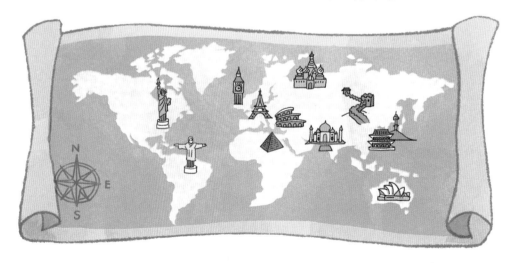

어휘 알기 색칠한 낱말과 초성을 보고 뜻풀이에 알맞은 낱말을 ___에 쓰세요.

| ㅅ | ㅈ | 어떤 사실이나 생각, 느낌을 떠오르게 하는 사물. | _____ |

| ㅂ | ㄴ | 남의 잘못이나 약점을 들추어내어 나쁘게 말함. | _____ |

| ㄱ | ㄷ | ㅎ | ㄷ | 엄청나게 크다. | _____ |

독해력 기르기

01 랜드마크에 대한 설명으로 알맞으면 ○, 알맞지 않으면 ✕ 하세요.

(1) 옛날부터 전해 내려오는 문화유산은 랜드마크가 될 수 없다.   (   )

(2) 한 지역을 대표하는 장소나 건축물, 주변 경치 중에서 눈에 띄는 것을 말한다.

(   )

02 이 글에 나온 도시의 랜드마크를 각각 선으로 이으세요.

(1) 프랑스 파리 ·

(2) 미국 뉴욕 ·

(3) 오스트레일리아 시드니 ·

(가)

(나)

(다)

03 이 글의 내용으로 알맞은 것에 ○ 하세요.

(1) 에펠 탑은 처음 지어질 무렵부터 사람들의 기대와 사랑을 받았다.　　(　　　)

(2) 자유의 여신상은 미국의 독립 100주년을 기념해 미국 국민들이 뜻을 모아 만든
것이다.　　　　　　　　　　　　　　　　　　　　　　　　　　　(　　　)

(3) 시드니 오페라 하우스는 20세기의 위대한 건축물로 꼽히며 유네스코 세계 문화
유산으로 지정되었다.　　　　　　　　　　　　　　　　　　　　(　　　)

04 이 글을 읽고 도시의 랜드마크를 바르게 소개한 것에 ○ 하세요.

(1)
> 우리 고장 부산시의
> 랜드마크로 광안대교를
> 소개합니다. 부산 광안리
> 바다를 가로지르는 크고 멋진
> 다리로 이것을 보면 누구나
> 한눈에 부산을 떠올립니다.

(2)
> 우리 고장 강릉시의
> 랜드마크로 바다식당을
> 소개합니다. 우리 가족과 동네
> 사람들만 아는 숨은 맛집으로
> 신선한 해산물이 자랑입니다.

05 이 글의 내용을 요약했어요. 빈칸에 들어갈 알맞은 말을 쓰세요.

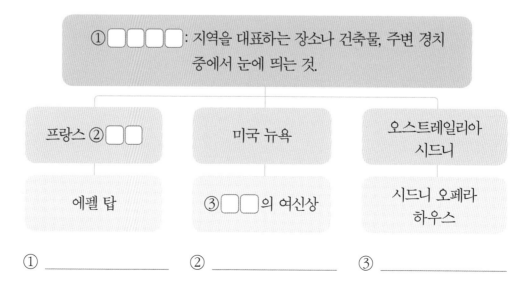

① □□□□ : 지역을 대표하는 장소나 건축물, 주변 경치
중에서 눈에 띄는 것.

프랑스 ② □□	미국 뉴욕	오스트레일리아 시드니
에펠 탑	③ □□의 여신상	시드니 오페라 하우스

① _____ 　② _____ 　③ _____

뜻이 여러 개인 말

밑줄 친 말의 뜻으로 알맞은 것의 번호를 쓰세요.

① 눈, 코, 입이 있는 머리의 앞면.

③ 생각이나 마음의 상태 등이 겉으로 드러난 표정이나 모습.

② 어떤 사물을 대표하는 부분.

(1) 에펠 탑은 프랑스 파리의 얼굴이다. (　　)

(2) 나는 얼굴이 둥글고 눈과 입이 큰 편이다. (　　)

(3) 누나는 무슨 고민이 있는지 얼굴이 어두웠다. (　　)

 헷갈리는 말

알맞은 말에 ○ 하세요.

띄다
'눈에 보이다.', '두드러지게 드러나다.'란 뜻을 지닌 '뜨이다'의 준말.

 VS

띠다
'빛깔이나 색채를 가지다.'란 뜻을 지닌 말.

(1) 마당에 붉은빛을 (띈 , 띤) 꽃이 활짝 피었다.

(2) 랜드마크는 그 지역의 주변 경치 중에서 눈에 (띄는 , 띠는) 것이다.

토픽 한 줄 정리 ▷ 네가 살고 있는 도시(고장)의 랜드마크를 소개해 봐!

우리 도시(고장)의 랜드마크는 _____

_____

 미래의 도시는 어떤 모습일까?
궁금하면 다음 장을 넘겨 봐! >>>>>

똑똑한 도시, 스마트 시티

많은 사람이 모여 사는 도시에서는 환경 오염, 교통 혼잡 등 여러 가지 문제가 발생해요. 최근에는 이러한 문제를 해결하고, 시민들이 편리하고 쾌적하게 살도록 하는 '스마트 시티'에 대한 관심이 높아지고 있어요.

스마트 시티는 말 그대로 '똑똑한 도시'를 말해요. 첨단 정보 통신 기술을 이용해 도시를 똑똑하게 관리하는 거예요. 사물과 사물이 인터넷으로 연결되어 서로 정보를 주고받는 기술인 사물 인터넷은 스마트 시티에서의 생활을 크게 변화시킬 거예요.

스마트 시티에서는 물건을 사고 계산을 하기 위해 줄을 서거나 지갑을 꺼낼 필요가 없어요. 물건을 고르면 매장에 설치된 센서가 상품을 인식해 앱 장바구니에 넣고, 그대로 나가면 미리 등록해 둔 카드로 물건값이 자동으로 결제돼요.

인공 지능 카메라와 센서가 달린 스마트 가로등으로 도로의 교통 정보를 실시간으로 파악해 교통 혼잡을 막을 수 있어요. 또 사람의 비명 소리 등 범죄와 관련된 상황이 발생하면 스마트 가로등이 이를 알아차리고 경찰에 신고해 범죄를 막을 수도 있어요.

스마트 시티에서는 운전자가 없어도 스스로 움직이는 자율 주행 자동차가 널리 이용될 거예요. 스마트폰으로 자신의 위치와 목적지를 입력하면 집 앞까지 자율 주행 택시가 와서 빠르고 편하게 이동할 수 있어요.

첨단 기술로 무장한 스마트 시티에서는 생활이 더욱 편리해질 거예요. 스마트 시티에서의 생활이 궁금하다면 가까운 스마트 시티 전시관을 찾아가 보세요.

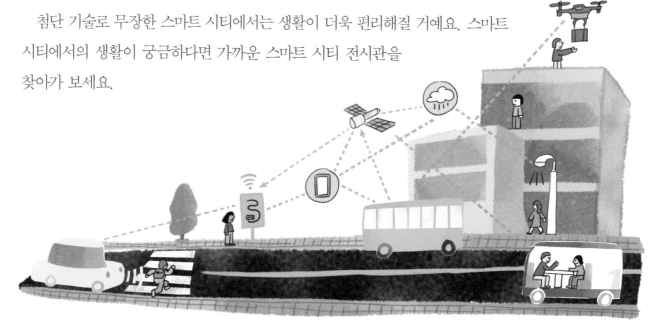

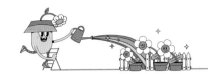
어휘 알기 ▶ 색칠한 낱말과 초성을 보고 뜻풀이에 알맞은 낱말을 ___에 쓰세요.

| ㅌ | ㅅ | 소식을 전함. | _____ |

| ㅎ | ㅈ | 여럿이 한데 뒤섞여 어수선함. | _____ |

| ㅅ | ㅅ | ㄱ | 실제 흐르는 시간과 같은 시간. | _____ |

| ㅋ | ㅈ | ㅎ | ㄷ | 기분이 상쾌하고 즐겁다. | _____ |

독해력 기르기

01 이 글에서 중심적으로 설명하는 내용을 두 개 고르세요. (,   )

① 스마트 시티의 뜻
② 스마트 시티 전시관의 위치
③ 스마트 시티에서의 생활 모습
④ 세계 여러 나라의 스마트 시티 모습
⑤ 첨단 정보 통신 기술의 종류와 발달 과정

02 스마트 시티에 대한 설명으로 알맞으면 ○, 알맞지 않으면 ✕ 하세요.

(1) 시민들이 편리하고 쾌적하게 살 수 있도록 한다.   (   )

(2) 환경 오염, 교통 혼잡 등의 문제가 심각하다.   (   )

(3) 첨단 정보 통신 기술을 이용해 도시를 똑똑하게 관리한다. (   )

03 다음 설명에 해당하는 기술은 무엇인지 이 글에서 찾아 쓰세요.

(   )

사물과 사물이 인터넷으로 연결되어 서로 정보를 주고받는 기술

04 이 글을 읽고 스마트 시티에서의 생활 모습을 바르게 이해한 친구 이름을 쓰세요.

(   )

윤주: 도시 곳곳에서 범죄가 많이 발생해.
시완: 운전자가 없으면 자동차를 타고 이동하기 어려워.
희도: 물건값을 계산하기 위해 신용 카드나 현금을 직접 꺼낼 필요가 없어.

05 이 글의 내용을 요약했어요. 빈칸에 들어갈 알맞은 말을 쓰세요.

①□□□□□□의 뜻	첨단 정보 통신 기술을 이용해 사람들이 편리하고 쾌적하게 살 수 있도록 하는 '똑똑한 도시'이다.
스마트 시티에서의 생활 모습	• 물건을 고르면 매장에 설치된 센서가 상품을 인식해 앱 장바구니에 넣고, 미리 등록된 카드로 물건값이 결제된다. • 스마트 ②□□□이 설치되어 교통 혼잡과 범죄를 예방할 수 있다. • ③□□□□ 자동차를 이용해 목적지까지 빠르고 편하게 이동할 수 있다.

① _____   ② _____   ③ _____

📖 외래어

빈칸에 들어갈 외래어로 바른 것을 찾아 선으로 이으세요.

(1) 인공 지능 ⬜⬜⬜가 설치된
스마트 가로등 •

• 카메라

• 카매라

(2) 사물과 사물이 ⬜⬜⬜으로
연결되어 정보를 주고받는 기술 •

• 인터냇

• 인터넷

(3) 목적지를 입력하면 집 앞까지
오는 자율 주행 ⬜⬜ •

• 텍시

• 택시

📖 낱말의 기본형

밑줄 친 낱말의 기본형으로 알맞은 것에 ○ 하세요.

> '기본형'은 낱말의 모양이 바뀌지 않는 부분에 '─다'를 붙여서 만들어. 낱말을 다양한 형태로 바꿔 보고 모양이 바뀌지 않는 부분을 찾아봐.

(1) 교통 혼잡을 막을 수 있다. → 막다 막는다

(2) 지갑을 꺼낼 필요가 없다. → 꺼내다 꺼낸다

(3) 스마트 시티 전시관을 찾아가서 체험해 보자. → 찾다 찾아가다

토픽 한 줄 정리

스마트 시티에 대한 내용 가운데 더 알고 싶은 것이 있니?

☐ 자동 결제   ☐ 스마트 가로등   ☐ 자율 주행 자동차

왜냐하면 _____

사람들은 왜 여행을 떠날까?

여행할 때 지켜야 할 예절이 있을까?

옛날 사람들도 다른 나라를 여행했을까?

여행

| 일이나 관광을 목적으로 다른 고장이나 외국에 가는 일.

착한 여행이란 무엇일까?

신기한 세계로 여행을 간다면?

우리나라 최초로 세계 일주에 도전한 사람은?

여행의 기억을 잘 간직하려면 어떻게 해야 할까?

우주여행이 현실이 된다고?

1일

우리나라 최초로 세계 일주에 도전한 사람은?

「여행가 김찬삼의 도전」

우리 | 인물

2일

옛날 사람들도 다른 나라를 여행했을까?

「박지원의 열하일기」

사회 | 기행문

3일

신기한 세계로 여행을 간다면?

「걸리버 여행기」

세계 | 명작

4일

우주여행이 현실이 된다고?

「현실이 된 우주여행」

과학 | 기사문

5일

여행할 때 지켜야 할 예절이 있을까?

「여행 예절을 지켜요」

사회 | 주장하는 글

여행가 김찬삼의 도전

김찬삼은 어릴 때부터 전 세계를 여행하는 꿈을 가졌어요. 다른 나라 사람들이 어떻게 살아가는지, 그곳의 풍경이 어떤지 직접 보고 싶었지요.

선생님이 되어 학생들에게 지리를 가르치면서, 김찬삼은 세계 여행을 떠나고 싶은 마음이 더욱 커졌습니다.

'책으로만 익힌 지식이 아니라 직접 보고 느낀 생생한 지식을 가르칠 수 있다면…….'

1958년, 김찬삼은 드디어 짐을 꾸려 세계 여행에 도전했습니다. 당시는 6.25 전쟁이 끝난 지 얼마 안 된 때라 우리나라 사람이 해외여행을 가는 것이 쉽지 않았어요. 하지만 그는 알래스카를 시작으로 1961년까지 세계를 한 바퀴 돌았습니다.

처음에는 가는 곳마다 말이 잘 통하지 않고, 여행지의 문화를 이해하지 못해 어려움에 처한 적도 많았어요. 하지만 그는 발걸음을 멈추지 않았어요. 언제나 열린 마음으로 다른 나라의 문화를 이해하려고 노력했어요. 그는 여행지에서 사람들이 주는 음식을 가리지 않고 잘 먹었어요. 같은 음식을 먹어야 그들의 문화를 이해할 수 있다고 믿었기 때문이에요.

김찬삼은 아프리카를 여행할 때 평소 존경하던 슈바이처를 직접 찾아가기도 했어요. 슈바이처는 아프리카에서 병들고 가난한 사람들을 돌보는 일에 힘쓴 의사인데 김찬삼은 슈바이처의 모습에 크게 감명을 받았어요.

"선생님, 제가 도울 일이 있을까요?"

김찬삼은 슈바이처를 도와 병원에 필요한 물건을 만들었어요. 그리고 그는 슈바이처와의 만남을 평생 소중하게 간직했어요.

그 뒤로도 김찬삼은 30여 년 동안 지구촌 이곳저곳을 여행하며, 감동적인 경험을 이어 갔습니다.

어휘 알기 색칠한 낱말과 초성을 보고 뜻풀이에 알맞은 낱말을 ___에 쓰세요.

ㄱ ㅁ   감격하여 마음에 깊이 새김.   _____

ㄷ ㅈ   어려운 일에 용감하게 뛰어드는 것.   _____

ㅈ ㄹ   지구 표면에서 볼 수 있는 자연 현상 등을
         지역적인 관점에서 연구하는 학문.   _____

독해력 기르기

01 김찬삼이 어릴 때부터 품어 온 꿈은 무엇인지 빈칸에 알맞은 말을 쓰세요.

세계 ☐ ☐ 을 떠나는 것

02 김찬삼이 학생들을 가르치면서, 세계 여행을 떠나고 싶은 마음이 더욱 커진 까닭은
무엇인지 알맞은 내용에 ○ 하세요.

(1) 실제로 보고 느낀 생생한 지식을 가르치고 싶어서   (   )

(2) 학생들을 가르치는 일이 힘들어 여행을 하며 쉬고 싶어서   (   )

03 김찬삼이 처음 세계 여행을 떠날 당시 우리나라의 상황으로 알맞은 것을 골라 기호를
쓰세요. (   )

> ㉮ 일본의 지배를 받고 있었다.
>
> ㉯ 경제가 빠르게 성장해 해외여행을 가는 사람들이 늘고 있었다.
>
> ㉰ 6.25 전쟁이 끝난 지 얼마 안 되어 해외여행을 가는 것이 쉽지 않았다.

04 김찬삼이 여행지의 문화를 이해하기 위해 노력한 일과 관련 있는 내용에 ○ 하세요.

(1) 여행지에서 사람들이 주는 음식을 가리지 않고 잘 먹었다.   (   )

(2) 아프리카를 여행할 때 평소 존경하던 슈바이처를 직접 찾아갔다. (   )

05 김찬삼이 여행지에서 보인 태도와 비슷한 태도를 가진 친구에 ○ 하세요.

(1)
> 외국인 친구가 자기
> 나라에서는 손으로 음식을
> 먹는다기에 위생적이지 않으니
> 숟가락과 젓가락을 사용하라고
> 말해 주었어.

(2)
> 종교적인 이유 때문에
> 돼지고기를 먹지 못하는
> 외국인 친구를 배려해
> 다른 음식을 먹었어.

06 이 글의 내용을 요약했어요. 빈칸에 들어갈 알맞은 말을 보기에서 찾아 쓰세요.

┌─ 보기 ─
│   문화   생생한   슈바이처
└─────────────────────

김찬삼은 어릴 때부터 세계 여행을 꿈꾸었다. 선생님이 되어 학생들을 가르치면서 세계 여행에 대한 꿈이 더욱 커졌다. 직접 경험한 ① ☐☐☐ 지식을 가르치고 싶었기 때문이다. 1958년, 첫 세계 여행에 도전한 김찬삼은 여행지의 ② ☐☐를 이해하려고 노력했다. 또한 아프리카를 여행할 때는 평소 존경하던 ③ ☐☐☐☐를 찾아가 만나기도 했다. 그 뒤로도 김찬삼은 30여 년 동안 세계 곳곳을 여행했다.

① _____   ② _____   ③ _____

합쳐진 말

낱말과 낱말을 합쳐 뜻에 해당하는 말을 쓰세요.

해외	발
이곳	
손	바다

+

저곳	가락
바닥	
걸음	여행

| | | | | |

일이나 여행을 목적으로
외국에 가는 일.

발을 옮겨서 걷는
동작.

여러 장소를 통틀어
이르는 말.

문장 부호

빈칸에 들어갈 알맞은 문장 부호를 찾아 선으로 이으세요.

(1) "직접 보고 느낀 것을
가르칠 수 있다면 □□ ."

• (가) ······ (줄임표)

(2) "선생님, 제가 도울 일이
있을까요 □□ "

• (나) ? (물음표)

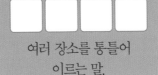

줄임표(······)는
말을 줄이거나 말이
없음을 나타낼 때 쓰고,
물음표(?)는 묻는
문장의 끝에 써.

토픽 한 줄 정리

세계 여행을 가서 해 보고 싶은 것이 있니?

내가 가고 싶은 나라는 _____

그곳에서 _____

옛날 사람들도 다른 나라를 여행했을까?
궁금하면 다음 장을 넘겨 봐! >>>>>

박지원의 열하일기

험한 산길을 지나 드디어 청나라에 닿았다. 나라의 경계를 알리는 울타리를 넘어 마을로 들어가기 전에 슬쩍 안을 들여다보았다. 그런데 그 모습이 정말 놀라웠다. 집들이 다 번듯하고 컸다. 지붕은 높고 담장은 벽돌로 쌓았다. 관리가 사는 집도 아니고 백성들이 사는 집 같은데, 이리 좋다니! 길도 곧게 뻗어 있고 사람이 탄 수레, 짐을 실은 수레가 쉼 없이 오갔다. 여기가 정말 청나라 변두리의 작은 마을이란 말인가? 예전에 친구 홍대용에게 청나라가 우리 조선보다 훨씬 발달했다는 말을 들은 적이 있는데, 이 정도일 줄은 몰랐다. 작은 마을이 이 정도인데 더 큰 도시는 어떨까? 갑자기 기가 꺾이면서 집으로 돌아가고 싶은 생각이 들었다. ㉠순간 '이것은 질투심이구나!' 싶었다. 배우려하지 않고 질투를 하다니, 나는 크게 반성했다.

- 6월 27일의 일기 중에서

장수들이 군사를 지휘하기 위해 높게 쌓아 올린 장대에 올랐다. 높은 곳에 오르니 사방이 다 보였다. 만리장성이 북쪽으로 한없이 뻗어 있고, 남쪽으로 푸른 바다가 보였다. 동쪽에는 넓은 들판이 펼쳐져 있고, 서쪽에는 만리장성의 끝인 산해관이 눈에 들어왔다. 그런데 돌아갈 때가 되었는데도 먼저 내려가는 사람이 없었다. 벽돌을 쌓아 만든 계단이 높고 가팔랐기 때문이다. 내려다보기만 해도 다리가 후들거리고 무서웠다. 나는 서쪽 계단으로 간신히 내려왔는데, 다른 사람들은 장대 위에서 바들바들 떨고 있었다. 올라갈 때는 앞만 보고 계단을 하나씩 밟고 가서 위험한 줄 몰랐다가 내려올 때 아래를 보니 겁이 났던 것이다.

- 7월 23일의 일기 중에서

*『열하일기』: 조선 시대 학자인 박지원이 중국 청나라를 다녀와 쓴 글을 모은 책.

어휘 알기 색칠한 낱말과 초성을 보고 뜻풀이에 알맞은 낱말을 _____ 에 쓰세요.

| ㅂ | ㄷ | ㄹ | 어떤 지역의 가장자리가 되는 곳.

_____

| ㅂ | ㄷ | ㅂ | ㄷ | 몸을 자꾸 작게 바르르 떠는 모양.

_____

| ㅂ | ㄷ | ㅎ | ㄷ | 형편이나 위세 따위가 버젓하고 당당하다.

_____

독해력 기르기

01 이 글에 대한 설명을 보고 빈칸에 알맞은 말을 쓰세요.

'나'가 [   ] [   ] [   ] 를 여행하고 쓴 글이다.

02 이 글에 나온 문장을 글쓴이가 본 것과 생각한 것으로 나누어 기호를 쓰세요.

㉮ 집들이 다 번듯하고 컸다.
㉯ 관리가 사는 집도 아니고 백성들이 사는 집 같은데, 이리 좋다니!
㉰ 길도 곧게 뻗어 있고 사람이 탄 수레, 짐을 실은 수레가 쉼 없이 오갔다.
㉱ 여기가 정말 청나라 변두리의 작은 마을이란 말인가?

(1) 본 것 (,   )   (2) 생각한 것 (,   )

03 ㉠을 통해 짐작할 수 있는 '나'의 생각으로 알맞은 것에 ○ 하세요.

(1) 조선이 청나라보다 훨씬 우수하다.   (   )

(2) 청나라가 조선보다 발달했다는 사실을 절대 인정할 수 없다.   (   )

(3) 청나라의 발달된 모습을 보고 질투만 할 것이 아니라 배울 점이 있으면 배워야
   한다.   (   )

04 이 글을 통해 알 수 있는 사실로 알맞으면 ◯, 알맞지 않으면 ✕ 하세요.

(1) '나'는 친구 홍대용과 청나라를 여행 중이다. (　　　)

(2) '나'는 만리장성을 방문해 성벽을 따라 걸었다. (　　　)

(3) '나'는 높은 장대 위에 올라가서 경치를 구경했다. (　　　)

05 이 글을 읽고 생각하거나 느낀 점을 바르게 말한 친구에 ◯ 하세요.

(1) 옛날 사람이 다른 나라를 여행하는 모습을 살펴볼 수 있어서 흥미로웠어.

(2) 여행지에서 일어날 법한 일을 재미있게 꾸며 써서 흥미로웠어.

06 이 글의 내용을 요약했어요. 빈칸에 들어갈 알맞은 말을 보기에서 찾아 쓰세요.

보기

장대	수레	질투심

여정 (여행의 과정)	청나라 변두리에 있는 작은 마을	장수들이 군사를 지휘할 때 오르던 ③□□
견문 (보고, 듣고, 한 일)	번듯한 집들, 곧게 뻗은 길과 ①□□의 사용 모습을 보았다.	높은 장대 위에서 사방의 경치를 구경했다.
감상 (생각이나 느낌)	청나라의 발달된 모습에 놀라고 ②□□□을 느꼈다.	계단이 높고 가팔라서 내려올 때는 무서웠다.

① _____   ② _____   ③ _____

낱말의 **반대말**

밑줄 친 말의 반대말을 찾아 선으로 이으세요.

(1) 길이 곧다. •

(2) 계단이 가파르다. •

(3) 장대에 올라가다. •

(4) 수레에 짐을 싣다. •

• (개) 굽다

• (내) 내려가다

• (대) 완만하다

• (래) 내리다

 어울려 쓰는 말

어울려 쓰는 말이 바르게 쓰인 것에 ○ 하세요.

문장에서 '예전에, 지금, 내일' 등 시간을 나타내는 말을 썼을 때는 뒤에 오는 말도 '-했다, -한다, -할 것이다' 등으로 어울리게 써야 해.

(1) 지금 곧 기차가 출발한다.　　　　　　　　　　　　　(　　)

(2) 내일 새로운 곳을 여행했다.　　　　　　　　　　　　(　　)

(3) 예전에 친구에게 청나라가 매우 발달했다는 말을 듣는다. (　　)

토픽 한 줄 정리 옛날 사람들이 오늘날 우리나라로 시간 여행을 온다면?

_____ 을(를) 보고 _____

왜냐하면 _____

 신기한 나라로 여행을 간다면 어떨까? 궁금하면 다음 장을 넘겨 봐! >>>>>

걸리버 여행기

내 이름은 걸리버. 나는 항해하는 배에서 선원들을 치료하는 의사이다. 그런데 우리 배가 거센 폭풍을 만나 부서졌고, 나는 정신을 잃고 말았다.

㉠눈을 떴을 때, 나는 밧줄에 꽁꽁 묶여 있었다. 몸을 살짝 들썩이자 내 손가락 크기만 한 사람들이 우르르 화살을 겨누며 내 몸 위로 올라왔다. 내가 고함을 지르자 그들은 겁을 먹고 달아났다.

내가 가만히 있자, 잠시 뒤 백여 명의 사람들이 사다리를 타고 올라와 내 입에 고기를 넣어 주었다. 양고기 맛이 났지만 크기는 종달새 날개보다 작았다. 총알 크기만 한 빵도 주었다. 배가 차지도 않았는데 졸음이 쏟아졌다. 알고 보니 나를 궁궐로 데려가기 위해 그들이 음식에 잠이 들게 하는 약을 넣은 것이었다.

목수와 기술자 수백 명이 나를 태울 대형 수레를 만들었다. 키가 12센티미터 정도인 말 천오백 마리가 그 수레를 끌었다. 나는 궁궐 앞에 도착해서야 정신을 차렸는데 내 몸 위로 작은 사람들이 올라와 소동을 벌이고 있었다. 그들에게 나는 　㉡　 이고 구경거리였다.

"산 같은 사람이다!"

몇몇은 나에게 돌을 던지거나 나뭇가지로 간지럼을 태우는 등 짓궂게 굴었지만 대체로 친절했다.

작은 사람들의 나라는 나에게 넓은 정원 정도였다. 가장 큰 나무가 2미터밖에 안 됐고, 국왕은 내 손가락만 했다. 맨땅에 누워 자는 나를 위해 국왕은 육백 개의 침대를 준비시켰다. 작은 사람들은 백오십 개의 침대를 나란히 엮고 네 단으로 쌓아 침대를 만들고, 이불과 옷도 만들어 주었다. 나는 작은 사람들이 베풀어 준 친절에 고마움을 느꼈다.

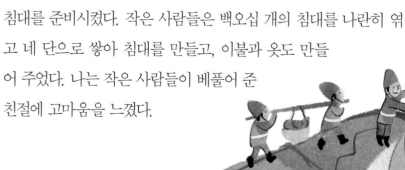

어휘 알기 색칠한 낱말과 초성을 보고 뜻풀이에 알맞은 낱말을 ___에 쓰세요.

| ㅎ | ㅎ | 배를 타고 바다 위를 다님. | _____ |

| ㅅ | ㄷ | 사람들이 놀라거나 흥분하여 시끄럽게 떠들어 대는 일. | _____ |

| ㅈ | ㄱ | ㄷ | 장난스럽게 남을 괴롭히고 귀찮게 하여 달갑지 아니하다. | _____ |

독해력 기르기

01 이 글의 중심 사건은 무엇인지 빈칸에 알맞은 말을 쓰세요.

'나'(ㅁㅁㅁ)가 ㅁㅁ 사람들이 사는 나라에 갔다.

02 이 글의 내용으로 알맞으면 ○, 알맞지 않으면 ✕ 하세요.

(1) '나'는 항해하는 배의 선장이다.   (   )

(2) '나'는 항해를 하다가 폭풍을 만나 작은 사람들이 사는 나라에 가게 되었다.

(   )

03 ㉠의 상황에서 '나'의 마음을 짐작한 것으로 알맞은 것에 ○ 하세요.

(1) 기쁘고 즐겁다.   (   )

(2) 슬프고 우울하다.   (   )

(3) 놀랍고 당황스럽다. (   )

04 ㉡에 들어갈 말로 가장 알맞은 것은 무엇인가요? (   )

① 친구   ② 가족   ③ 노인   ④ 거인   ⑤ 장난감

05 '나'가 작은 사람들이 사는 나라를 보고 생각한 것으로 알맞은 것을 모두 골라 ○ 하세요.

(1) 사람들이 내 손가락 크기만 하군.

(2) 나라 크기가 나에겐 넓은 정원 정도이군.

(3) 작은 사람들은 차갑고 인정이 없군.

06 이 글의 내용을 요약했어요. 빈칸에 들어갈 알맞은 말을 쓰세요.

> 나(걸리버)는 배를 타고 항해를 하다가 ①☐☐을 만나 정신을 잃고 말았다.
> 눈을 떠 보니 작은 사람들이 사는 나라에 도착해 있었다. 작은 사람들은 대형
> 수레를 만들어 나를 태우고 궁궐로 갔다. 나에게 작은 사람들의 나라는 넓은
> ②☐☐ 정도였다. 작은 사람들은 나에게 침대와 이불, 옷을 만들어 주는 등
> ③☐☐을 베풀었다.

① _____   ② _____   ③ _____

뜻을 더하는 말

빈칸에 알맞은 말을 쓰세요.

맨-

어떤 낱말 앞에 붙어 '다른 것이 없는'의 뜻을 더한다.

맨 + 땅

아무것도 깔지 않은 땅바닥.

맨 + 손

아무것도 끼거나 감지 않은 손.

맨 + 발

아무것도 신지 않은 발.

틀리기 쉬운 말

밑줄 친 말이 바르게 쓰인 것에 ○ 하세요.

(1) 짓궂은 질문에 몹시 당황했다.　　　　　　(　)

(2) 아이들은 서로 짓궂게 장난을 쳤다.　　　　(　)

(3) 그들은 나에게 간지럼을 태우는 등 짓굳게 굴었다. (　)

'짓궂다'를 '짓굳다', '짓궃다' 등으로 잘못 쓰는 경우가 많은데 '짓궃다'나 '짓굳다'는 틀린 표현이야.

토픽 한 줄 정리

신기한 세상으로 여행을 간다면 어디로 가고 싶니?

☐ 작은 사람들이 사는 나라　　☐ 큰 사람들이 사는 나라　　☐ _____

왜냐하면 _____

오늘날의 기술로 가능한 우주여행에 대해 알고 있니? 궁금하면 다음 장을 넘겨 봐! >>>>>

현실이 된 우주여행

최근 우주여행을 다녀온 민간인들이 있어 화제다. 이전에는 특수 훈련을 받은 우주 비행사만 갈 수 있었던 우주를 일반 사람들도 갈 수 있게 되어 ㉠진정한 우주 관광 시대가 열렸다는 평가다. 현재의 기술로 실현 가능한 우주여행은 어디까지일까?

먼저, 우주선을 타고 지구 상공 80~100킬로미터까지 올라가 몇 분 정도 머물다 오는 여행이 있다. 이 여행에서 여행객들은 중력이 없는 상태에서 몸이 둥둥 뜨는 체험을 하고, 우주에서 지구의 모습을 볼 수 있다. 이때, 지구 전체를 한눈에 볼 수는 없다. 80~100킬로미터 상공에서는 지구 한쪽이 둥그렇게 보이는 정도이기 때문이다.

지구 밖 400킬로미터 상공까지 올라가, 며칠 동안 지구 주위를 돌며 우주를 구경하고 돌아오는 여행도 있다. 이 여행에서는 국제 우주 정거장에 들를 수도 있고, 좀 더 높은 곳까지 올라가기 때문에 보다 넓은 우주를 볼 수 있다.

그 밖에 지구와 가까운 천체로 가는 여행이 있다. 현재 이 여행에서 가장 주목받고 있는 것은 달 여행이다. 달 주위를 돌아보거나 달 표면에 착륙해 머물다 오는 것이다. 아직 달 여행을 다녀온 민간인은 없지만 몇몇 회사들이 사업 계획을 발표하고 우주선 개발에도 나섰다.

이제 우주여행은 　㉡　 속의 이야기가 아니라 　㉢　 이 되었다. 아직은 아무나 쉽게 갈 수는 없지만 기술이 더욱 발달하면 많은 사람들이 우주여행을 즐기고, 지구에서 멀리 떨어진 행성에도 갈 수 있을 것이다.

어휘 알기 색칠한 낱말과 초성을 보고 뜻풀이에 알맞은 낱말을 ___에 쓰세요.

ㅅ ㄱ   높은 하늘. 또는 어떤 지역 위의 공중.   _____

ㅈ ㄹ   지구 위의 물체가 지구로부터 받는 힘.   _____

ㅁ ㄱ ㅇ   관리나 군인이 아닌 일반 사람.   _____

독해력 기르기

01 이 글에서 가장 중심이 되는 낱말을 빈칸에 쓰세요.

☐ ☐ ☐ ☐

02 ㉠은 무엇에 대한 평가인지 알맞은 내용에 ○ 하세요.

(1) 민간인들이 우주여행을 다녀온 것   (   )

(2) 우주 비행사들이 우주에 다녀온 것   (   )

(3) 우주 비행사들이 특수 훈련을 받은 것   (   )

03 이 글에서 소개하는 현재의 우주여행 모습이 <u>아닌</u> 것을 골라 기호를 쓰세요.

(   )

㉮ 지구에서 멀리 떨어진 행성을 둘러보고 오는 여행

㉯ 지구 밖 400킬로미터 상공까지 올라가 며칠 동안 지구 주위를 돌아보고 오는 여행

㉰ 지구 상공 80~100킬로미터까지 올라가 몇 분 동안 머물며 중력이 없는 상태를 경험해 볼 수 있는 여행

04 ⓒ과 ⓒ에 들어갈 말이 바르게 짝 지어진 것은 무엇인가요? (   )

① 상상-미래   ② 현실-미래   ③ 상상-현실

④ 현실-과거   ⑤ 과거-상상

05 이 글을 읽고 친구들이 이야기를 나누고 있어요. 알맞지 <u>않은</u> 내용을 말한 친구의
이름을 쓰세요. (   )

> **민재**: 아직은 일반 사람들이 갈 수 있는 우주여행이 제한적이어서 아쉬워.
> **주연**: 그렇긴 한데, 머지않아 달 여행도 갈 수 있다니 기대가 돼.
> **나래**: 현재 우주여행은 누구나 쉽게 갈 수 있으니까 특별한 경험을 하고 싶다
> 면 한 번쯤 가 볼 만한 것 같아.

06 이 글의 내용을 요약했어요. 빈칸에 들어갈 알맞은 말을 쓰세요.

> 우주선을 타고 지구 상공 80~100킬로미터까지 올라가
> 몇 분 정도 머물다 돌아오는 여행.

현재의 기술로
실현 가능한
① ☐☐여행

> 지구 밖 400킬로미터 상공까지 올라가 ② ☐☐ 주위
> 를 며칠 동안 돌아보고 오는 여행.

> 달 주위를 돌아보거나 ③ ☐ 표면에 착륙해 머물다 오
> 는 여행.

① _____   ② _____   ③ _____

낱말의 반대말

주어진 말의 반대말을 찾아 쓰세요.

낮다	싸다	좁다

넓다	높다	비싸다
⇕	⇕	⇕
☐☐	☐☐	☐☐

헷갈리는 말

밑줄 친 낱말이 문장에서 바르게 쓰인 것을 모두 골라 ○ 하세요.

들르다
지나는 길에 잠깐 들어가 머무르다.

VS

들리다
사람이나 동물의 감각 기관을 통해 소리가 알아차려지다.

'들르다'는 '들르고', '들러서', '들렀다' 등으로 모양이 바뀌어. '들르다'를 써야 할 곳에 '들리다'를 쓰지 않도록 주의해.

(1) 멀리서 음악 소리가 들린다.   (   )

(2) 돌아가는 길에 시장에 들릴 예정이다.   (   )

(3) 지구 주위를 둘러보고 국제 우주 정거장에 들를 것이다. (   )

토픽 한 줄 정리

우주여행으로 가고 싶은 곳이 있니?

☐ 달   ☐ 화성   ☐ 국제 우주 정거장   ☐ _____

그곳에 가서 _____

다른 나라를 여행할 때 지켜야 할 예절이 있대.
궁금하면 다음 장을 넘겨 봐! >>>>>

여행 예절을 지켜요

여행은 내가 사는 공간에서 낯선 공간으로 떠나는 것이에요. 해외여행은 모험을 떠나는 것처럼 우리를 설레게 해요.

해마다 해외여행을 가는 사람들이 늘고 있지만 여행지의 문화를 잘 모르고 무심코 하는 행동 때문에 불편을 겪거나 다른 사람에게 불쾌감을 주는 일이 있어요.

다른 나라를 여행할 때는 그 나라의 문화를 존중하면서 예절을 잘 지켜야 해요. 다른 나라에서 우리가 하는 행동은 그 나라 사람들이 우리나라를 평가하는 기준이 되기 때문이에요. 한 사람의 무례한 행동이 우리나라의 전체 이미지를 망칠 수도 있어요. 따라서 여행을 가기 전에 ㉠ 이 중요해요.

예를 들어 태국에서는 왕궁이나 절을 신성한 장소로 여기기 때문에 입장할 때 옷차림에 유의해야 해요. 반바지, 짧은 치마, 민소매, 슬리퍼 차림 등은 피해야 하지요. 법이 엄격한 싱가포르에서는 거리에 쓰레기를 버리거나 무단 횡단을 하면 여행객이라도 처벌을 받을 수 있으므로 기본적인 공공 예절을 잘 지켜야 해요. 또 미국이나 유럽에서는 식당에 갔을 때 직원이 자리를 안내해 줄 때까지 기다리는 것이 예의예요.

여행지의 문화와 삶의 방식을 존중하고 예절을 지키는 일은 즐거운 여행의 첫걸음이라는 사실을 꼭 기억해요.

어휘 알기 색칠한 낱말과 초성을 보고 뜻풀이에 알맞은 낱말을 ___에 쓰세요.

| ㅊ | ㅂ | 법에 따라 벌을 주는 것.

_____

| ㅁ | ㄹ | ㅎ | ㄷ | 태도나 말에 예의가 없다.

_____

| ㅅ | ㅅ | ㅎ | ㄷ | 떠받들어야 할 만큼 거룩하다.

_____

독해력 기르기

01 글쓴이가 생각하는 문제 상황은 무엇인지 알맞은 말에 ○ 하세요.

> 해외여행을 가서 그 나라의 (날씨 , 문화)를 잘 모르고 무심코 하는 행동 때문에 불편을 겪거나 다른 사람에게 (불쾌감 , 즐거움)을 주는 일이 있다.

02 글쓴이가 주장하는 것은 무엇인가요? (   )

① 여행 준비물을 잘 챙기자.

② 해외여행보다 국내 여행을 많이 하자.

③ 우리나라의 우수한 문화를 세계에 알리자.

④ 여행지에서 쓰레기를 함부로 버리지 말자.

⑤ 다른 나라를 여행할 때 여행 예절을 잘 지키자.

03 글쓴이가 주장에 대한 까닭으로 제시한 내용으로 알맞은 것에 ○ 하세요.

(1) 해외여행은 우리를 설레게 하기 때문이다.   (   )

(2) 해외여행을 가는 사람들이 늘고 있기 때문이다.   (   )

(3) 다른 나라에서 우리가 하는 행동은 그 나라 사람들이 우리나라를 평가하는 기준이 되기 때문이다.   (   )

04 ㉠에 들어갈 내용으로 알맞은 것에 ○ 하세요.

(1) 여행지에서 살 물건을 미리 정해 두는 것 　　　　　(　　　)

(2) 여행지에서 이용할 교통수단을 미리 알아 두는 것 　(　　　)

(3) 여행지의 문화나 풍습을 미리 알아 두는 것 　　　　(　　　)

05 글쓴이의 의견을 바르게 실천한 친구에 ○ 하세요.

(1) 우리나라를 알리기 위해 여행지에서 우리나라의 문화와 규칙에 따라 행동했어.

(2) 여행을 가기 전에 여행지에서 주의해야 할 점을 인터넷에서 미리 찾아보았어.

06 이 글의 내용을 요약했어요. 빈칸에 들어갈 알맞은 말을 보기 에서 찾아 쓰세요.

> 보기
>
> 문화　　　　　예절　　　　　존중

문제 상황	해외여행을 가서 여행지의 문화를 잘 모르고 하는 행동 때문에 불편을 겪거나 다른 사람에게 불쾌감을 주는 일이 있다.
주장	다른 나라를 여행할 때는 그 나라의 문화를 ①□□하면서 ②□□을 잘 지키자.
근거	• 다른 나라에서 우리가 하는 행동은 그 나라 사람들이 우리나라를 평가하는 기준이 된다. • 여행을 가고자 하는 나라의 ③□□나 풍습을 미리 알아 두면 잘못된 행동으로 인한 불쾌한 상황을 막을 수 있다.

① _____　　② _____　　③ _____

뜻이 비슷한 말

뜻이 나머지와 다른 낱말에 ○ 하세요.

(1) 유의하다 〜 조심하다 〜 조사하다

(2) 예의 바르다 〜 무례하다 〜 공손하다

(3) 존중하다 〜 귀중하다 〜 자랑하다

틀리기 쉬운 말

알맞은 말에 ○ 하세요.

(1) 여행은 우리를 (설레게 , 설레이게) 한다.

(2) 선물을 받는다니 몹시 (설렌다 , 설레인다).

(3) 친구를 만난다는 생각에 (설레어 , 설레여) 잠이 오지 않았다.

(4) 그는 (설레는 , 설레이는) 마음을 겨우 진정시켰다.

'설레다'를 '설레이다'로 쓰는 경우가 많은데 '설레이다'는 틀린 표현이야.

토픽 한 줄 정리 우리나라에 여행 온 외국인들이 지켰으면 하는 예절이 있니?

한국에 오신 것을 환영합니다! 한국에서는 _____

_____ 지켜 주세요.

냄새 맡은 값

농부가 밭일을 마치고 집으로 돌아가고 있었어요. 부자 영감의 집 앞을 지나는데, 담 너머로 생선 굽는 냄새가 솔솔 풍겨 왔어요. 배가 고팠던 농부는 군침을 꿀꺽 삼키며 담벼락에 기대어 코를 벌름거렸어요.

"에헴, 자네 여기서 뭐 하고 있나?"

농부가 돌아보니 부자 영감이 서 있었어요.

"길을 지나는데 생선 굽는 냄새가 하도 고소해서 맡고 있었지요."

농부가 서둘러 다시 길을 가려는데 부자 영감이 농부를 불러 세웠어요.

"이보게, 그냥 가면 어쩌나. 돈을 주고 가야지."

"돈이라니, 무슨 돈이요?"

"방금 내 집 생선 냄새를 맡지 않았나. 그러니 냄새 맡은 값을 주고 가야지."

"세상에 냄새 맡은 값을 받는 경우가 어디 있습니까?"

농부는 부자 영감과 냄새값을 놓고 옥신각신 다투었어요. 부자 영감이 억지를 부리 자 농부는 하는 수 없이 돈을 주기로 약속하고 집으로 돌아왔어요.

"아버지, 무슨 일이 있으세요?"

농부의 어두운 얼굴을 보고 아들이 물었어요. 농부는 집에 오는 길에 있었던 일을 털어놓았지요.

"너무 걱정 마세요. 저에게 ㉠좋은 생각이 있어요."

다음 날, 농부의 아들은 엽전이 든 주머니를 들고 부자 영감을 찾아갔어요.

"냄새값 치르러 왔습니다."

부자 영감이 돈을 받으러 나오자 농부의 아들은 돈주머니를 부자 영감의 귀에 대고 흔들었어요. 돈주머니에서 짤랑짤랑 엽전 소리가 났지요.

"돈 소리 잘 들으셨지요? 냄새값을 치렀으니 전 이만 갑니다."

"뭐라고? 돈은 주지 않고 이게 무슨 짓이냐!"

"냄새만 맡은 생선이니 그 값도 소리로만 쳐 드려야 딱 맞지요."

농부 아들의 말에 부자 영감은 아무 말도 못 하고 방으로 들어가 버렸답니다.

어휘 알기 색칠한 낱말과 초성을 보고 뜻풀이에 알맞은 낱말을 ____에 쓰세요.

| ㅇ | ㅈ | 잘 안될 일을 무리하게 해내려는 고집.

_____

| ㅊ | ㄹ | ㄷ | 주어야 할 돈을 내주다. 또는 무슨
일을 겪어 내다.

_____

| ㅇ | ㅅ | ㄱ | ㅅ | 서로 옳으니 그르니 하며
다투는 모양.

_____

독해력 기르기

01 이 글에 나오는 인물을 모두 골라 ○ 하세요.

| 농부 | 부자 영감 | 농부의 아들 | 부자 영감의 아내 |

02 농부가 부자 영감의 집 앞에서 한 일은 무엇인지 빈칸에 알맞은 말을 쓰세요.

생선 굽는 [ ][ ]를 맡았다.

03 이 글의 내용으로 알맞으면 ○, 알맞지 않으면 ✕ 하세요.

(1) 부자 영감이 농부에게 생선 냄새 맡은 값을 달라고 했다. (   )

(2) 농부는 부자 영감과 냄새값을 놓고 다투었다.   (   )

(3) 농부는 부자 영감과 있었던 일을 아내에게 털어놓았다. (   )

04 ㉠은 무엇인지 알맞은 내용에 ○ 하세요.

(1) 부자 영감에게 생선을 가져다주는 것 ( )

(2) 부자 영감에게 돈 소리를 들려주는 것 ( )

(3) 부자 영감에게 냄새값을 깎아 달라고 하는 것 ( )

05 이 글을 읽고 등장인물에 대해 바르게 말한 친구를 모두 골라 ○ 하세요.

(1)

냄새값을 받으려 하다니, 부자 영감은 욕심이 지나쳐.

(2)

부자 영감의 무리한 요구를 끝까지 거절한 농부는 현명해.

(3)

냄새값을 돈 소리로 갚다니, 농부의 아들은 지혜로워.

06 이 글의 내용을 요약했어요. 빈칸에 들어갈 알맞은 말을 쓰세요.

> 농부가 부자 영감의 집 앞에서 ①□□ 굽는 냄새를 맡았다. 부자 영감이 생선 냄새 맡은 값을 달라고 억지를 부리자 농부는 하는 수 없이 돈을 주기로 약속했다. 다음 날, 농부의 ②□□이 부자 영감을 찾아가 엽전이 든 주머니를 흔들며 돈 ③□□를 들려주는 것으로 냄새값을 치렀다.

① _____ ② _____ ③ _____

흉내 내는 말

그림을 보고 빈칸에 들어갈 알맞은 말에 ○ 하세요.

(1) 냄새가 ⬜⬜ 풍기다.

훨훨

솔솔

(2) ⬜⬜⬜⬜ 다투다.

옥신각신

허겁지겁

(3) ⬜⬜⬜⬜ 소리가 나다.

팔랑팔랑

짤랑짤랑

틀리기 쉬운 말

알맞은 말에 ○ 하세요.

(1) 음식값을 (치르고 , 치루고) 식당을 나왔다.

(2) 시험을 (치르러 , 치루러) 먼 길을 떠났다.

(3) 냄새값을 (치렀으니 , 치뤘으니) 저는 이만 갑니다.

> '치르다'는 '치러, 치르고, 치러서, 치렀다' 등으로 모양이 바뀌어. '치르다'를 '치루다'로 잘못 써서 '값을 치뤘다.' 등으로 쓰는 경우가 많은데 '치루다'는 '치르다'의 잘못된 표현이야.

토픽 한 줄 정리

네가 만약 농부라면 냄새값을 달라는 말에 어떻게 할래?

나라면 _____ 할 거야.

왜냐하면 _____

코감기에 걸리면 왜 음식 맛을 잘 느끼지 못할까? 궁금하면 다음 장을 넘겨 봐! >>>>>

맛을 느끼는 원리

코감기에 걸리면 코가 막혀 숨쉬기가 힘들어요. 게다가 평소와 다르게 음식 맛을 잘 느낄 수가 없어요. 코감기에 걸리면 왜 음식 맛을 제대로 느낄 수 없는 걸까요? 간단한 맛 실험을 통해 그 이유를 알아보아요.

맛과 향이 풍부한 음료수를 준비하세요. 먼저 손으로 코를 막고 음료수를 마시며 맛을 느껴 보세요. 이어서 같은 음료수를 코를 막지 말고 마셔 보세요.

▲ 준비물   ▲ 코를 막고 마시기   ▲ 코를 막지 않고 마시기

어때요? 코를 막고 음료수를 마셨을 때보다 막지 않고 마셨을 때 맛이 더 풍부하게 느껴지지 않나요?

맛은 혀로만 느끼는 것이 아니라 코를 통해 들어오는 냄새도 맛을 느끼는 데 큰 영향을 미친다는 것을 알 수 있어요.

사람의 혀에는 맛세포가 모여 있는 맛봉오리가 있는데 여기에서 단맛, 짠맛, 신맛, 쓴맛, 감칠맛을 느껴요. 혀로만 맛을 느낀다면 주로 이 다섯 가지의 맛을 느끼겠지만 실제로 우리가 음식을 먹으면 이보다 훨씬 다양하고 풍부한 맛을 느껴요. 결국 풍부한 음식 맛은 혀로 느끼는 맛과 코가 느끼는 냄새가 합쳐진 것이라고 할 수 있어요. 즉 맛을 느끼는 미각과 냄새를 맡는 후각이 제대로 된 기능을 할 때 정확한 음식 맛을 느낄 수 있는 거예요.

코감기에 걸리면 코의 ⓐ ㉠ 기능이 약해지기 때문에 음식 맛을 제대로 느낄 수 없는 것이랍니다.

어휘 **알기**   색칠한 낱말과 초성을 보고 뜻풀이에 알맞은 낱말을 ____에 쓰세요.

| ㄱ | ㅊ | ㅁ | 음식물이 입에 당기는 맛. | _____ |

| ㅍ | ㅂ | ㅎ | ㄷ | 넉넉하고 많다. | _____ |

| ㅁ | ㅂ | ㅇ | ㄹ | 척추동물에서, 미각을 맡은 꽃봉오리 모양의 기관. | _____ |

독해력 **기르기**

01 이 글은 어떤 궁금증에 대해 설명한 글인가요? (   )

① 코감기에 걸리는 이유가 뭘까?

② 사람의 혀는 어떻게 생겼을까?

③ 음식 맛은 왜 사람마다 다르게 느낄까?

④ 같은 음식을 더 맛있게 먹는 방법은 무엇일까?

⑤ 코감기에 걸리면 왜 음식 맛을 제대로 느끼지 못할까?

02 이 글에서 소개한 맛 실험 과정을 정리한 것이에요. 알맞지 <u>않은</u> 내용을 골라 기호를 쓰세요. (   )

준비물	㉮ 맛과 향이 풍부한 음료수
실험 방법	㉯ 먼저 코를 막고 음료수를 마시며 맛을 느껴 본 뒤, 코를 막지 않고 같은 음료수를 마시며 맛을 느껴 본다.
실험 결과	㉰ 코를 막고 음료수를 마셨을 때 맛이 더욱 풍부하게 느껴진다.

03 이 글을 읽고 알게 된 점으로 알맞지 <u>않은</u> 내용을 말한 친구의 이름을 쓰세요.

(   )

> **이진:** 맛은 혀로만 느끼는 것이 아니구나.
> **주하:** 맛을 느끼는 데는 냄새도 영향을 미치는구나.
> **나영:** 사람의 혀에는 맛세포가 모여 있는 맛봉오리라는 것이 있구나.
> **시율:** 풍부한 음식 맛을 느끼는 데는 미각보다 후각이 훨씬 중요하구나.

04 ㉠에 들어갈 말로 알맞은 것은 무엇인가요? (   )

① 시각   ② 청각   ③ 후각   ④ 미각   ⑤ 촉각

05 이 글의 내용을 요약했어요. 빈칸에 들어갈 알맞은 말을 쓰세요.

> 사람의 혀에는 맛세포가 모여 있는 ① ☐☐☐☐ 가 있고, 여기에서 단맛,
> 짠맛, 신맛, 쓴맛, 감칠맛을 느낀다. 우리가 평소에 느끼는 풍부한 음식 맛은
> ② ☐ 로 느끼는 맛과 코로 느끼는 ③ ☐☐ 가 합쳐진 것이다. 코감기에 걸
> 리면 냄새를 맡는 후각이 약해지기 때문에 음식 맛을 제대로 느낄 수 없다.

① _____   ② _____   ③ _____

뜻이 여러 개인 말

밑줄 친 낱말의 뜻으로 알맞은 것의 번호를 쓰세요.

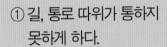
① 길, 통로 따위가 통하지 못하게 하다.

막다

③ 어떤 일이나 행동을 못 하게 하다.

② 트여 있는 곳을 가리게 둘러싸다.

(1) 어머니는 형제 간의 싸움을 <u>막았다</u>. (　　)

(2) 늑대가 못 들어오게 마당을 울타리로 <u>막았다</u>. (　　)

(3) 지독한 냄새가 퍼지자 모두 손으로 코를 <u>막았다</u>. (　　)

이어 주는 말

알맞은 이어 주는 말에 ○ 하세요.

앞 문장과 뒷문장이 어떤 관계로 이어지는지 잘 살펴봐!

(1) 코감기에 걸리면 코가 막혀 숨쉬기가 힘들다.

　　(그리고 , 그러나) 냄새를 잘 맡을 수 없다.

(2) 코감기에 걸리면 냄새를 맡는 후각 기능이 약해진다.

　　(그러나 , 그래서) 음식 맛을 제대로 느낄 수 없다.

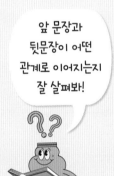

토픽 한 줄 정리   감각을 활용해 음식을 맛있게 먹는 방법을 소개해 봐!

음식을 천천히 먹으며 혀로 _____

코로 _____

시각 장애인들을 위해 점자를 만든 인물을 알고 있니? 궁금하면 다음 장을 넘겨 봐! >>>>>

루이 브라유가 남긴 업적을 살펴봐!

세계　　인물

점자를 만든 루이 브라유

루이 브라유는 세 살 때 아버지의 작업장에서 송곳을 가지고 놀다가 사고로 왼쪽 눈을 다쳤어요. 이듬해에는 오른쪽 눈마저 감염이 되어 결국 눈이 멀고 말았어요.

부모님은 앞을 보지 못하는 루이가 스스로 살아갈 방법을 배울 수 있게 도와주었어요. 루이를 보통 아이처럼 대하며 집안일도 시키고 아버지의 기술도 배우게 했지요.

열 살이 되던 해, 루이는 부모님 곁을 떠나 파리의 왕립 맹아 학교에 입학했어요. 그곳에서 그는 시각 장애인을 위해 만들어진 책으로 공부했어요. 하지만 그 책은 글자가 너무 커서 빨리 읽기 어렵고, 두껍고 무거워서 가지고 다니기 힘들었어요.

그러던 1821년, 루이는 야간 문자를 배우게 되었어요. 야간 문자는 군인들이 어두운 밤에 암호를 전달하기 위해 만든 문자인데 점을 찍어 글자를 표기하는 방식이었어요. 하지만 야간 문자도 사용할수록 불편한 점이 있었어요.

"글을 쓰려면 점을 너무 많이 찍어야 해서 복잡해. 이걸 더 간편하게 만들 방법은 없을까?"

루이는 야간 문자를 바탕으로 시각 장애인들이 좀 더 편하게 쓸 수 있는 문자를 만들기로 하고 연구에 몰두했어요.

1824년, 3년간의 노력 끝에 루이는 여섯 개의 점으로 스물여섯 자의 알파벳을 모두 표시하는 새로운 점자를 완성했어요. 루이가 만든 점자는 친구들 사이에서 빠르게 퍼져 나갔어요.

"점의 개수가 적어서 빨리 읽고 쓸 수 있어."

"글자 크기도 적당해서 손가락으로 정확하게 읽을 수 있어!"

루이는 자신이 만든 점자를 더욱 완벽하게 만들기 위해 끊임없이 연구했어요.

루이가 죽고 2년 뒤인 1854년, 프랑스 정부는 루이가 만든 점자를 공식적인 시각 장애인 점자로 정했어요. 그 이후로 루이의 점자는 전 세계로 퍼져 나가 앞을 보지 못하는 이들에게 빛이 되어 주었답니다.

어휘 알기 색칠한 낱말과 초성을 보고 뜻풀이에 알맞은 낱말을 ____에 쓰세요.

| ㅁ | ㅇ | 눈이 먼 아이.

_____

| ㅍ | ㄱ | 문자나 기호를 써서 말이나 생각을 적는 것.

_____

| ㅈ | ㅈ | 손가락으로 더듬어 읽도록 만든 시각
장애인용 문자.

_____

독해력 기르기

01 이 글에 대한 설명으로 알맞은 것에 ○ 하세요.

(1) 어떤 일에 대해 자신의 의견을 쓴 글이다. ( )
(2) 실제로 살았던 인물의 삶과 업적을 사실에 바탕해 쓴 글이다. ( )
(3) 예로부터 사람들의 입에서 입으로 전해 내려오는 이야기이다. ( )

02 루이 브라유에 대한 설명으로 알맞으면 ○, 알맞지 않으면 ✕ 하세요.

(1) 태어날 때부터 앞을 볼 수 없었다. ( )
(2) 학교에 다니지 않고 집에서 혼자 공부했다. ( )
(3) 부모님의 도움으로 스스로 살아갈 방법을 배워 나갔다. ( )

03 다음에서 설명하는 것은 무엇인지 이 글에서 찾아 쓰세요. ( )

군인들이 어두운 밤에 암호를 전달하기 위해 만든 문자로 점을 찍어 글자를
표기했다. 루이 브라유는 이것을 바탕으로 점자를 만들었다.

04 루이 브라유가 발명한 점자에 대해 바르게 설명한 것을 모두 골라 ○ 하세요.

(1) 글을 쓰려면 점을 수십 개에서 수백 개 찍어야 한다. ( )

(2) 글자 크기가 적당해서 손가락으로 정확하게 읽을 수 있다. ( )

(3) 여섯 개의 점으로 스물여섯 자의 알파벳을 모두 표시할 수 있다. ( )

05 다음 빈 곳에 들어갈 말로 알맞은 것에 ○ 하세요.

> 프랑스 쿠브레 마을에는 루이 브라유가 살았던 집이 박물관으로 보존되어 있다. 이곳에는 '루이 브라유는 _____'라는 글귀가 새겨져 있다.

(1) 소리를 들을 수 없는 이들에게 희망을 심어 주었다. ( )

(2) 앞을 보지 못하는 이들에게 지식의 문을 열어 주었다. ( )

(3) 재미있는 이야기를 지어 사람들에게 즐거움을 주었다. ( )

06 이 글의 내용을 요약했어요. 빈칸에 들어갈 알맞은 말을 쓰세요.

> ①□□□□□는 세 살 때 사고로 왼쪽 눈을 다치고 이듬해 오른쪽 눈마저 감염이 되어 ②□이 멀고 말았다. 열 살 때 파리 왕립 맹아 학교에 입학했다. 1821년, 야간 문자를 처음 접하고 이를 바탕으로 직접 시각 장애인을 위한 문자를 만들기 시작했다. 1824년, 여섯 개의 점으로 스물여섯 자의 알파벳을 모두 표시하는 ③□□를 만들었다. 1854년, 프랑스 정부는 루이 브라유의 점자를 공식적인 시각 장애인 점자로 정했다.

① _____ ② _____ ③ _____

낱말의 반대말

서로 반대되는 말끼리 ○로 묶으세요.

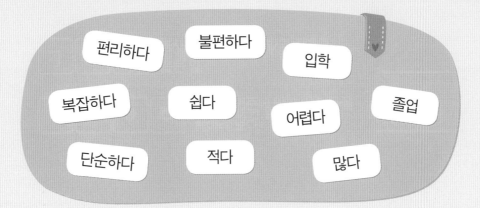

편리하다

불편하다

입학

복잡하다

쉽다

어렵다

졸업

단순하다

적다

많다

올바른 띄어쓰기

밑줄 친 부분의 띄어쓰기가 바르면 回, 바르지 않으면 ⊠에 ○ 하세요.

(1) 형은 나보다 두 살이 더 많다.　　　　　　　回 ⊠

(2) 여덟살이 되어 초등학교에 입학했다.　　　　回 ⊠

(3) 지우와 나는 다섯살 때부터 친구이다.　　　　回 ⊠

(4) 루이 브라유는 세 살 때 사고로 왼쪽 눈을 다쳤다.　回 ⊠

나이를 세는 말인 '살'은 앞에 오는 수를 나타내는 말과 띄어 써야 해.

토픽 한 줄 정리

루이 브라유에게 하고 싶은 말이 있니?

루이 브라유 님! _____

_____

특정한 감각이 중요한 직업에 대해 알고 있니?
궁금하면 다음 장을 넘겨 봐! >>>>>

감각을 활용하는 직업을 알아봐!

사회   설명하는 글

감각과 직업

우리는 시각, 청각, 촉각, 후각, 미각의 다섯 가지 감각으로 주변을 탐색하고 다양한 정보를 받아들여요. 이러한 감각은 일상생활에서도 중요하지만, 어떤 직업에서는 특히 더 중요해요. 감각을 활용하는 직업에 대해 알아보아요.

냄새를 맡는 후각이 중요한 직업이 있어요. 향을 만드는 '조향사'가 대표적이에요. 조향사는 향수나 생활용품의 향을 만드는 분야와 과자나 음료 등 식품의 향을 만드는 분야로 나뉘는데, 모두 여러 가지 향료를 섞어 새로운 향을 만들거나 제품에 향을 더하는 일을 해요. 좋은 향을 만들기 위해서는 향료를 일정한 비율로 조화롭게 섞는 것이 중요해요. 조향사는 이러한 것을 연구해 제품에 어울리는 향을 만들어요.

후각과 미각을 활용하는 직업으로는 '맛 감별사'가 있어요. 다양한 와인의 맛과 향을 구별하고 손님에게 맞는 와인을 추천해 주는 와인 감별사, 커피의 맛과 향을 구별해 좋은 커피를 가려내는 커피 감별사가 대표적이에요. 최근에는 물맛을 구별하는 이색적인 맛 감별사도 등장했어요.

청각을 주로 활용하는 직업으로는 영화나 드라마의 효과음을 만드는 '폴리 아티스트'가 있어요. 폴리 아티스트는 배우의 목소리와 음악을 제외한 모든 소리를 만들어요. 영화나 드라마의 전체적인 분위기, 인물의 특징과 감정을 이해하고 그에 어울리는 소리를 만들지요. 가령 발소리 하나에도 슬픔이나 기쁨 등 인물의 감정이 담기게 표현해요.

이처럼 직업 가운데는 특정한 감각이 중요한 직업이 있어요. 이러한 직업에 관심이 있다면 나는 어떤 감각이 발달했는지 생각해 보세요.

어휘 알기 색칠한 낱말과 초성을 보고 뜻풀이에 알맞은 낱말을 ___ 에 쓰세요.

| ㅎ | ㄹ | 향기를 내는 데 쓰는 물질.

_____

| ㅌ | ㅅ | 드러나지 않은 사실을 알아내기 위해 살펴 찾음.

_____

| ㅇ | ㅅ | ㅈ | 보통의 것과 색다른 성질을 지닌 것.

_____

독해력 기르기

01 이 글에서 가장 중심이 되는 낱말을 두 개 골라 ○ 하세요.

물   향수   감각   소리   직업   감정

02 다음 설명에 해당하는 직업을 이 글에서 찾아 쓰세요. (   )

여러 가지 향료를 섞어 새로운 향을 만들거나 제품에 향을 더하는 일을 한다.

03 이 글의 내용으로 알맞은 것에 ○ 하세요.

(1) 조향사는 소리를 듣는 청각이 중요한 직업이다.   (   )

(2) 커피 감별사는 손님이 원하는 커피를 직접 만들어 주는 일을 한다.   (   )

(3) 와인 감별사는 다양한 와인의 맛과 향을 구별하고 손님에게 맞는 와인을 추천
   해 준다.   (   )

04 다음 중 폴리 아티스트가 만드는 소리가 <u>아닌</u> 것은 무엇인가요? (   )

① 비 오는 소리   ② 문 닫는 소리

③ 배우의 목소리   ④ 바람 부는 소리

⑤ 바닥에 물건 떨어지는 소리

05 다음과 같은 고민을 하는 사람은 누구인지 알맞은 직업을 찾아 선으로 이으세요.

(1) 기쁜 소식을 들은 인물의 발소리를
      어떻게 표현하면 좋을까?   •   • (개) 조향사

(2) 싱그러운 숲의 향기를 표현하려면
      어떤 향료를 써야 할까?   •   • (내) 폴리 아티스트

06 이 글의 내용을 요약했어요. 빈칸에 들어갈 알맞은 말을 쓰세요.

감각과 직업

①◻◻	후각, 미각	청각
조향사 여러 가지 향료를 섞어 새로운 향을 만들거나, 제품에 어울리는 향을 만드는 일을 한다.	**맛 감별사** 와인의 ②◻과 향을 구별하고 손님에게 추천하는 와인 감별사, 커피의 맛과 향을 구별하는 커피 감별사 등이 있다.	**폴리 아티스트** 영화나 드라마에서 효과음을 만드는 사람으로, 배우의 목소리와 음악을 제외한 모든 ③◻◻를 만든다.

① _____   ② _____   ③ _____

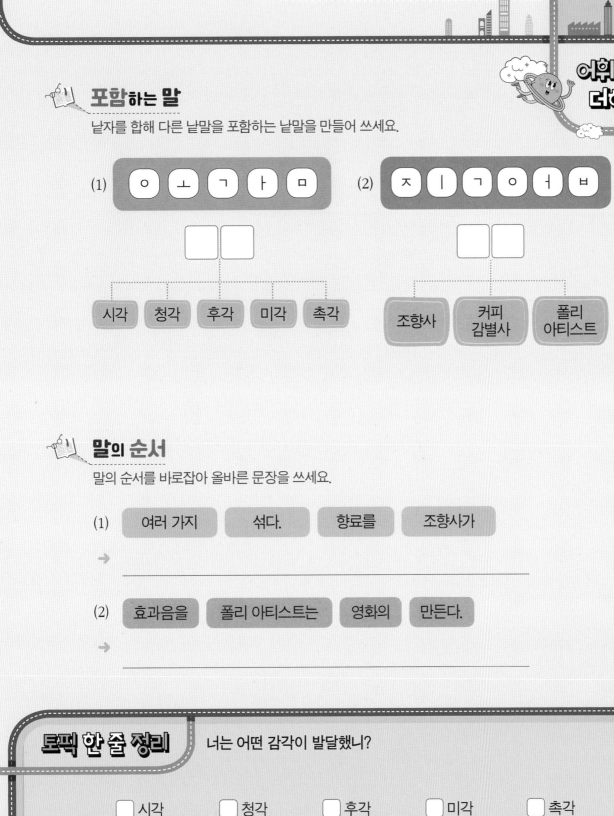

📖 **포함**하는 **말**

낱자를 합해 다른 낱말을 포함하는 낱말을 만들어 쓰세요.

(1)

| ㅇ | ㅗ | ㄱ | ㅏ | ㅁ |

□ □

시각 | 청각 | 후각 | 미각 | 촉각

(2)

| ㅈ | ㅣ | ㄱ | ㅇ | ㅓ | ㅂ |

□ □

조향사 | 커피 감별사 | 폴리 아티스트

📖 **말**의 **순서**

말의 순서를 바로잡아 올바른 문장을 쓰세요.

(1) 여러 가지   섞다.   향료를   조향사가

→ _____

(2) 효과음을   폴리 아티스트는   영화의   만든다.

→ _____

토픽 한 줄 정리   너는 어떤 감각이 발달했니?

☐ 시각   ☐ 청각   ☐ 후각   ☐ 미각   ☐ 촉각

이 감각을 이용해 내가 잘할 수 있는 일은 _____

사람이 감각을 느끼는 원리를 이용한 기술에 대해 알고 있니? 궁금하면 다음 장을 넘겨 봐! >>>>>

오감 기술, 어디까지 왔니?

가 오감 기술에 대해 알고 있나요? 사람이 감각을 느끼는 원리를 컴퓨터 기술에 적용한 것으로 보고, 듣고, 맛보고, 냄새를 맡는 등의 오감 정보를 컴퓨터를 통해 이용하는 기술이에요.

나 청각과 관련한 기술은 주변에서 쉽게 접할 수 있어요. 인공 지능 스피커에 "오늘 날씨가 어때?", "노래를 들려줘." 하고 말하면 스피커가 사람의 말소리를 인식해 날씨를 알려 주고 노래를 틀어 줘요.

다 시각과 관련한 기술도 있어요. 요즘 휴대 전화에는 시선이 옮겨 가면 동영상이 멈추는 기능이 있어요. 휴대 전화가 사용자의 시선을 인식해 작동하는 거예요. 이런 기술은 회사가 물건을 판매할 때도 활용돼요. 사람들의 시선이 어디에 집중되는지를 분석하면, 관심 분야를 알 수 있기 때문이에요.

라 촉각과 관련한 기술도 발전하고 있어요. 우리나라의 한 연구팀은 '촉감 아바타'를 개발했어요. 사람의 손가락을 본뜬 촉각 센서로 물체의 온도, 모양, 거칠고 단단함 등을 인식할 수 있어요. 이러한 기술이 더욱 발달하면 가게에 직접 가지 않아도 아바타를 통해 제품의 질감을 느끼고, 게임 등 가상의 공간에서 실감 나는 체험을 할 수 있을 거예요.

마 이 밖에 요리법을 개발하거나 향수를 만드는 미각, 후각 관련 기술도 연구 중이에요. 앞으로 오감 기술은 많은 분야에 적용되어 우리 생활을 즐겁고 편리하게 해 줄 거예요.

어휘 알기 색칠한 낱말과 초성을 보고 뜻풀이에 알맞은 낱말을 ____에 쓰세요.

| ㅅ | ㄱ | 실제로 체험하는 느낌.

_____

| ㅅ | ㅅ | 눈이 가는 길. 또는 눈의 방향.

_____

| ㅇ | ㅅ | 사물을 분별하고 판단해서 아는 일.

_____

독해력 기르기

01 오감 기술이 무엇인지 빈칸에 공통으로 들어갈 말을 쓰세요. (   )

사람이 감각을 느끼는 원리를 □□□ 기술에 적용한 것으로 오감 정보를
□□□를 통해 이용하는 기술이다.

02 오감 기술이 어떻게 활용되고 있는지 관련 있는 것끼리 선으로 이으세요.

(1) 시각 관련 기술 •

(2) 청각 관련 기술 •

(3) 촉각 관련 기술 •

• (가) 물체의 온도, 모양, 거칠고 단단함 등을 인식하는 촉감 아바타

• (나) 사람의 말소리를 인식해 명령을 수행하는 인공 지능 스피커

• (다) 사용자의 시선이 옮겨 가는 것을 인식하는 휴대 전화

03 가~마 중 다음 내용이 들어가기에 알맞은 문단의 기호를 쓰세요. (   )

집주인의 목소리를 인식해, 목소리로 문을 여는 보안 장치도 있어요.

소리를 인식하는 기술과 관련된 내용을 찾아봐!

04 이 글을 읽고 알맞지 <u>않은</u> 내용을 말한 친구에 ○ 하세요.

(1) 오감 기술 덕분에 다양한 분야에서 사람들의 생활이 편리해질 것 같아.

(2) 오감 기술이 발달하면 게임이나 영화를 더 실감 나게 즐길 수 있을 것 같아.

(3) 사람들이 시각, 청각, 촉각, 후각, 미각의 다섯 가지 감각을 사용할 필요가 없어질 것 같아.

05 이 글의 내용을 요약했어요. 빈칸에 들어갈 알맞은 말을 쓰세요.

①□□ 기술	사람이 감각을 느끼는 원리를 컴퓨터 기술에 적용한 것으로 오감 정보를 컴퓨터를 통해 이용하는 기술이다.
오감 기술의 활용	• 청각-말소리를 인식하는 인공 지능 스피커 • 시각-사용자의 ②□□을 인식하는 휴대 전화 기능 • ③□□-촉감을 느끼는 촉감 아바타 • 미각-요리법 개발 • 후각-향수 개발

① _____   ② _____   ③ _____

분(分)이 들어간 낱말

낱말의 뜻을 보고, 알맞은 말에 ○ 하세요.

分
나눌 분

분류(分類) 종류에 따라 나눔.

분야(分野) 여러 갈래로 나누어진 범위나 부분.

분석(分析) 얽혀 있거나 복잡한 것을 풀어서 개별적인
요소나 성질로 나눔.

(1) 옷을 색깔별로 (분류 , 분석)해서 옷장에 넣었다.

(2) 오감 기술은 다양한 (분야 , 분류)에서 우리 생활을 편리하게 해 줄 것이다.

(3) 사람들의 시선이 어디에 집중되는지 (분석 , 분야)하면 관심 (분석 , 분야)을(를)
알 수 있다.

올바른 표기

밑줄 친 말을 바르게 고쳐 쓰세요.

(1) 한 연구팀이 <u>촉깜</u> 아바타를 개발했다. → _____

(2) <u>손까락</u>을 본뜬 촉각 센서로 물체의 온도, 모양 등을 인식한다.

→ _____

> 손가락[손까락],
> 촉감[촉깜]과 같이 우리말에는
> 글자와 다르게 소리 나는 말이
> 많아. 이런 말을 적을 때는
> 소리 나는 대로 적지
> 않도록 주의해야 해!

토픽 한 줄 정리

체험해 보고 싶은 오감 기술이 있니?

☐ 목소리를 인식하는 보안 장치   ☐ 촉감 아바타   ☐ _____

왜냐하면 _____

1일 훈장님의 꿀단지
11-13쪽

어휘 알기

훈장, 서당, 허둥대다

독해력 기르기

01 (3) ○　　　02 약

03 ㉯ → ㉰ → ㉮

04 (1) ○

05 건우

06 ① 약 ② 꿀 ③ 벼루

어휘력 더하기

이름을 나타내는 말 (1) 병풍 (2) 벼루 (3) 단지

어울려 쓰는 말 (2) ○

| 독해력 기르기 |

01 돌이는 훈장님이 수업 시간에 병풍 뒤로 갔다가 나오는 행동에 호기심을 가졌습니다.

02 병풍 뒤에서 돌이와 마주친 훈장님은 단지에 든 것은 아이들이 먹으면 죽는 약이니 절대 손대지 말라고 경고했습니다.

03 훈장님이 자리를 비운 사이 돌이가 병풍 뒤에서 단지를 꺼내 오고, ㉰ 아이들은 단지에 든 것이 꿀이라는 것을 알고 모두 먹어 치웁니다. 아이들이 혼날 것을 걱정하자 ㉯ 돌이가 훈장님이 아끼는 벼루를 깨뜨리고, ㉮ 모두 죽은 척하며 누워 있었습니다.

04 돌이는 훈장님께 혼날 것에 대비해 일부러 벼루를 깨뜨리고는 실수로 벼루를 깨뜨렸다고 말합니다. 이러한 돌이의 행동을 볼 때 (2)의 평가는 알맞지 않습니다.

05 훈장님은 아이들에게 꿀을 나누어 주기 싫어했으므로 미래의 말은 알맞지 않고, 아이들이 꿀을 먹었다는 것을 알기 때문에 수아의 말도 알맞지 않습니다.

06 일이 일어난 차례에 따라 글의 내용을 요약해 봅니다.

| 어휘력 더하기 |

이름을 나타내는 말 (1)은 병풍, (2)는 벼루, (3)은 단지입니다.

어울려 쓰는 말 '절대'는 '-아니다', '해서는 안 된다' 등 부정적인 말과 어울려 써야 합니다. (1) '이 일은 절대 다른 사람에게 말해서는 안 된다.' 또는 '말하지 마라.' 등으로 써야 합니다.

2일 호기심을 자극하는 광고
15-17쪽

어휘 알기

구매, 자극, 기대감

독해력 기르기

01 ②, ④

02 기억

03 (3) ○　　　04 ㉯

05 (1) ○

06 ① 광고 ② 정보 ③ 궁금증

어휘력 더하기

관용 표현 눈

틀리기 쉬운 말 (1) ○ (3) ○

| 독해력 기르기 |

01 이 글은 호기심을 자극하는 광고에 대해 설명하고 있습니다. 따라서 가장 중심이 되는 낱말은 '호기심'과 '광고'입니다.

02 회사들은 호기심을 자극하는 광고를 만드는데, 이는 사람들이 호기심을 느끼는 대상에 대해 더 알고 싶어 하고 그렇게 알게 된 내용을 더 오래 기억하는 점을 이용하는 것이라고 했습니다.

03 이 글에서는 호기심을 자극하는 광고 방법으로 상품에 대한 자세한 정보를 숨기고 궁금증을 불러일으키는 방법을 소개하고 있습니다.

04 ㉯는 상품에 대한 정보를 자세히 보여 주는 광고로 이 글에서 설명하는 광고 방법의 예로 알맞지 않습니다.

05 이 글에는 호기심을 자극하는 광고의 문제점은 나오지 않으므로 (2)는 알맞지 않습니다.

06 호기심을 자극하는 광고 방법에 대한 내용을 중심으로 글의 내용을 요약해 봅니다.

| 어휘력 더하기 |

관용 표현 '눈을 끌다'는 호기심을 일으켜 보게 한다는 뜻의 관용 표현입니다.

틀리기 쉬운 말 '일부러'를 '일부로'라고 쓰는 경우가 많은데 '일부로'는 '일부러'의 잘못된 표현입니다. (2) '알리고자 하는 내용을 일부러 숨기는 광고가 있다.'라고 써야 합니다.

3일 아인슈타인의 호기심

19-21쪽

어휘 알기

원리, 재능, 어렴풋이

독해력 기르기

01 아인슈타인

02 ②

03 (1) × (2) ○ (3) ○

04 (2) ○   05 준우

06 ① 질문 ② 천재 ③ 호기심

어휘력 더하기

뜻이 비슷한 말 (1) 구하려고 (2) 부르는

꾸며 주는 말 (1) 남다른 (2) 아주 (3) 자세히

| 독해력 기르기 |

01 이 글은 아인슈타인에 관한 것입니다.

02 아인슈타인은 어릴 때 나침반의 바늘이 항상 북쪽을 가리키는 까닭에 대해 생각하다가 세상의 모든 움직임에는 보이지 않는 힘이 작용한다는 것을 깨닫고 그 원리를 찾기 위해 생각을 이어 나갔습니다.

03 아인슈타인은 자신을 천재라고 일컫는 사람들에게 자신은 특별한 재능이 있는 것이 아니라 단지 남들보다 호기심이 많을 뿐이라고 했으므로 (1)의 내용은 알맞지 않습니다.

04 이 글은 아인슈타인의 남다른 호기심과 그것이 밑바탕이 되어 이룬 과학적 성과에 대해 이야기하고 있습니다. 따라서 글을 읽고 아인슈타인을 평가한 것으로는 (2)의 내용이 알맞습니다.

05 이 글을 읽고 아인슈타인에게서 본받을 점으로는 '주변 현상에 관심을 가지고 질문을 던지는 습관'이 가장 알맞습니다.

06 아인슈타인이 한 일을 중심으로 글의 내용을 요약해 봅니다.

| 어휘력 더하기 |

뜻이 비슷한 말 (1) '찾으려고'는 모르는 것을 알아낸다는 뜻으로 '구하려고'와 바꿔 쓸 수 있습니다. (2) '일컫는'은 이름을 지어 부른다는 뜻으로 '부르는'과 바꿔 쓸 수 있습니다.

꾸며 주는 말 (1) '호기심'을 꾸며 주는 말로는 '남다른'이, (2) '좋아한다'를 꾸며 주는 말로는 '아주'가 알맞습니다. (3) '들여다보았다'를 꾸며 주는 말로는 '자세히'가 알맞습니다.

4일 호기심이 밝혀낸 역사

23-25쪽

어휘 알기

유적지, 고고학자, 박물학자

독해력 기르기

01 (3) ○   02 (1)-(나) (2)-(가)

03 (1) ○ (2) ×   04 (2) ○

05 (1) ○

06 ① 슐리만 ② 앙코르 와트 ③ 앙리 무오

어휘력 더하기

포함하는 말 앙리 무오, 부자

말의 순서 (1) 앙리 무오는 앙코르 와트를 세상에 알렸다.

(2) 슐리만은 트로이를 찾겠다는 목표를 세웠다.

| 독해력 기르기 |

01 이 글은 호기심 덕분에 세상에 알려진 유적지에 대해 알려 주는 글입니다.

02 트로이는 튀르키예 서쪽에 있는 고대 도시 유적지이고 앙코르 와트는 캄보디아에 있는 동남아시아 최대의 유적지입니다.

03 슐리만이 트로이 유적지를 발견하기 전까지 사람들은 트로이를 상상 속의 도시로 여겼다고 했으므로 (2)의 내용은 알맞지 않습니다.

04 앙리 무오 이전에도 앙코르 와트를 다녀간 사람들이 있었다고 했으므로 앙리 무오가 세계 최초로 앙코르 와트를 발견했다는 (1)의 내용은 알맞지 않습니다.

05 이 글은 누군가의 열정적인 호기심 덕분에 중요한 유적지가 발견되고 세상에 알려진 사례를 소개하고 있습니다. 따라서 (2)의 내용은 알맞지 않습니다.

06 호기심 덕분에 세상에 알려진 유적지를 중심으로 글의 내용을 요약해 봅니다.

| 어휘력 더하기 |

포함하는 말 유적지는 역사적 유물이나 유적이 있는 장소입니다. '앙리 무오'는 사람 이름으로 유적지에 포함될 수 없습니다. 학자는 학문을 연구하는 사람입니다. 재물이 많아 살림이 넉넉한 사람을 뜻하는 '부자'는 학자에 포함될 수 없습니다.

말의 순서 '누가(무엇이)'에 해당하는 말을 찾고, '무엇을', '어찌하다(어떠하다)'에 해당하는 말을 찾아 올바른 문장이 되도록 써 봅니다.

5일 미래의 경쟁력, 호기심 27-29쪽

어휘 알기

경쟁, 일자리, 인공 지능

독해력 기르기

01 인공 지능
02 ②　　**03** (1) ○
04 (1) ○ (2) × (3) ○
05 (1) ○
06 ① 호기심 ② 관심 ③ 여행

어휘력 더하기

뜻을 더하는 말 기억(력), 경쟁(력), 관찰(력)
올바른 발음 (1) [날로] (2) [펄리] (3) [불리] (4) [할라산]

| 독해력 기르기 |

01 글쓴이는 인공 지능이 사람의 일을 대신하는 사례가 늘면서 미래에는 인공 지능 때문에 사람들이 일자리를 잃게 될 것을 걱정하고 있습니다.

02 글쓴이는 호기심을 키워야 한다고 주장하고 있습니다.

03 호기심은 특별한 사람들의 능력이 아니라 누구나 호기심을 가질 수 있다고 했고 호기심은 인공 지능이 따라올 수 없는, 사람만이 가진 능력이라고 했으므로 (2)와 (3)의 내용은 알맞지 않습니다.

04 이미 알고 있는 것이라도 새로운 정보를 모으다 보면 새로운 사실을 알게 되고, 이것이 다른 호기심으로 이어질 수 있다고 했으므로 (2)의 내용은 알맞지 않습니다.

05 호기심을 키우기 위해서는 좋아하는 분야뿐만 아니라 다양한 분야에 관심을 가져야 한다고 했으므로 (2)의 내용은 알맞지 않습니다.

06 글쓴이가 제시한 문제 상황, 주장, 실천 방법에 따라 글의 내용을 요약해 봅니다.

| 어휘력 더하기 |

뜻을 더하는 말 기억하는 능력은 '기억력', 경쟁할 만한 힘은 '경쟁력', 사물을 관찰하는 능력은 '관찰력'입니다.

올바른 발음 (1) '난로'는 [날로], (2) '편리'는 [펄리], (3) '분리'는 [불리], (4) '한라산'은 [할라산]으로 발음해야 합니다.

1일 수원 화성을 건설한 정조 33-35쪽

어휘 알기

품삯, 상업, 전하

독해력 기르기

01 정조, 수원 화성
02 (1) ○ (3) ○
03 (1) ○ (2) × (3) ○
04 ④　　**05** (1) ○
06 ① 수원 ② 정약용 ③ 거중기

어휘력 더하기

뜻이 비슷한 말 (1) 건설하다 (2) 공부하다 (3) 발전하다
헷갈리는 말 (1) 반듯이 (2) 반드시

| 독해력 기르기 |

01 이 글은 정조가 수원 화성을 건설한 일에 대한 이야기입니다.

02 정조는 수원을 개발하면 상업이 발달하고 더불어 전국에서 한양으로 몰려드는 사람들을 나누는 효과가 있을 것이라고 했습니다.

03 수원 화성은 백성들이 열심히 일하고 거중기 같은 기계를 사용하면서 원래 계획했던 것보다 빨리 완성되었다고 했으므로 (2)의 내용은 알맞지 않습니다.

04 정조는 백성들의 일손을 덜어 주기 위해 정약용에게 거중기를 만들도록 했습니다. 거중기는 도르래의 원리를 이용해 무거운 물건을 들어 올리는 기계입니다.

05 정조가 화성에 이사 오는 백성들에게 보상을 해 주고, 성곽에 군사를 배치하는가 하면 성안에 시장을 두어 전국의 상인들이 와서 장사를 하게 한 것은 화성이 큰 도시로 성장하길 바랐기 때문입니다.

06 정조가 수원 화성을 건설하기 위해 한 일을 중심으로 글의 내용을 요약해 봅니다.

| 어휘력 더하기 |

뜻이 비슷한 말 (1)의 '세우다'는 '건설하다', (2)의 '연구하다'는 '공부하다', (3)의 '성장하다'는 '발전하다'와 뜻이 비슷합니다.

헷갈리는 말 (1)은 옷을 비뚤어지지 않게 반듯하게 개었다는 의미이므로 '반듯이'가 들어가야 알맞습니다. (2)에는 '틀림없이 꼭'의 의미인 '반드시'가 들어가야 알맞습니다.

어휘 알기

고장, 중심지, 고속 도로

독해력 기르기

01 ③

02 (1) ○ (2) × (3) ○

03 교통   04 (1) ○ (3) ○

05 (2) ○

06 ① 한밭 ② 교통 ③ 도시

어휘력 더하기

이름을 나타내는 말 고속 도로, 철도, 기차역, 자동차

높임 표현 (1) 진지 (2) 말씀 (3) 여쭈어볼 (4) 주무셨어요

| 독해력 기르기 |

01 '한밭'은 크고 넓은 밭을 뜻하므로 ③의 설명은 알맞지 않습니다.

02 과학 기술 관련 연구소가 많은 것은 오늘날 대전의 모습이므로 (2)의 설명은 알맞지 않습니다.

03 대전이 빨리 도시로 발달할 수 있었던 까닭은 교통이 발달했기 때문이라고 했습니다.

04 교통이 발달함에 따라 고장에 다양한 시설이 생기고 사람들의 직업도 다양해진다고 했습니다. 따라서 (2)의 내용은 알맞지 않습니다.

05 대전은 일찍부터 우리나라 교통의 중심지였고 오늘날에는 과학 기술 관련 연구소와 나랏일을 하는 기관이 들어섰다고 했습니다. 이를 통해 (2) '교통의 중심지이자 과학의 도시, 대전'이 오늘날 대전을 소개하는 내용으로 알맞습니다.

06 대전이 도시로 발달한 과정에 따라 글의 내용을 요약해 봅니다.

| 어휘력 더하기 |

이름을 나타내는 말 교통은 자동차, 기차 등의 탈것을 이용해 사람이 오고 가거나, 짐을 실어 나르는 일입니다. 주어진 낱말 중 교통과 관련 있는 말을 찾아봅니다.

높임 표현 (1)에는 '밥'의 높임말인 '진지', (2)에는 '말'의 높임말인 '말씀', (3)에는 '물어볼'의 높임말인 '여쭈어볼', (4)에는 '잤어요'의 높임말인 '주무셨어요'가 들어가야 알맞습니다.

어휘 알기

일행, 다다르다, 회오리바람

독해력 기르기

01 (1) × (2) ○

02 (1)-(라) (2)-(다) (3)-(나) (4)-(가)

03 (3) ○

04 (3) ○

05 ① 오즈 ② 도로시 ③ 초록

어휘력 더하기

뜻을 더하는 말 나무(꾼), 소리(꾼), 사냥(꾼)

헷갈리는 말 (1) 묵을 (2) 묶었다 (3) 묵었다

| 독해력 기르기 |

01 글의 앞부분에서 도로시와 허수아비, 양철 나무꾼, 사자는 함께 길을 가는 일행이라는 것을 알 수 있습니다. 따라서 농부의 집에서 처음 만났다는 (1)의 내용은 알맞지 않습니다.

02 도로시는 고향으로 돌아갈 수 있게 해 달라고 부탁하기 위해, 허수아비는 똑똑한 머리를, 양철 나무꾼은 따뜻한 심장을, 사자는 용기를 갖게 해 달라고 부탁하기 위해 오즈를 만나려고 한다고 했습니다.

03 문지기는 도로시와 친구들에게 에메랄드시는 모든 것이 눈부시기 때문에 안경을 꼭 써야 한다고 말했습니다.

04 에메랄드시는 모든 것이 초록빛을 띠었다고 했으므로 (3)이 에메랄드시의 모습으로 알맞습니다.

05 인물들이 한 일을 중심으로 글의 내용을 요약해 봅니다.

| 어휘력 더하기 |

뜻을 더하는 말 땔감으로 쓰이는 나무를 베거나 줍는 일을 하는 사람은 '나무꾼', 판소리나 민요 등을 부르는 일을 하는 사람은 '소리꾼', 사냥을 직업으로 하는 사람은 '사냥꾼'입니다.

헷갈리는 말 (1)과 (3)에는 일정한 곳에서 손님으로 머문다는 뜻인 '묵을'과 '묵었다'가 각각 들어가야 알맞습니다. (2)에는 무엇을 끈이나 줄로 한데 모아 잡아맨다는 뜻인 '묶었다'가 들어가야 알맞습니다.

어휘 알기

상징, 비난, 거대하다

독해력 기르기

01 (1)✕ (2) ○

02 (1)-(나) (2)-(가) (3)-(다)

03 (3) ○

04 (1) ○

05 ① 랜드마크 ② 파리 ③ 자유

어휘력 더하기

뜻이 여러 개인 말 (1) ② (2) ① (3) ③

헷갈리는 말 (1) 띤 (2) 띠는

| 독해력 기르기 |

01 랜드마크는 지역을 대표하는 건축물이나 장소 등이므로 문화유산도 랜드마크가 될 수 있습니다. 이집트의 피라미드, 이탈리아 로마의 콜로세움 등은 문화유산이자 랜드마크입니다.

02 (1) 프랑스 파리의 랜드마크는 (나) 에펠 탑, (2) 미국 뉴욕의 랜드마크는 (가) 자유의 여신상, (3) 오스트레일리아 시드니의 랜드마크는 (다) 시드니 오페라 하우스입니다.

03 에펠 탑은 처음 지어질 무렵 도시의 풍경을 해치는 흉한 철탑이라는 비난을 받았고 자유의 여신상은 미국의 독립 100주년을 기념해 프랑스가 미국에 선물로 준 것이므로 (1)과 (2)의 내용은 알맞지 않습니다.

04 랜드마크는 한 지역을 대표하는 장소나 건축물 등 눈에 띄는 것으로, 누구나 그것을 보면 한눈에 지역을 떠올릴 수 있습니다. (2)에서 소개한 식당은 고장의 랜드마크로 보기는 어렵습니다.

05 랜드마크의 뜻과 세계 여러 도시의 랜드마크를 중심으로 글의 내용을 요약해 봅니다.

| 어휘력 더하기 |

뜻이 여러 개인 말 '얼굴'은 여러 가지 의미로 쓰입니다. (1)에서는 어떤 사물을 대표하는 부분의 의미로, (2)에서는 눈, 코, 입이 있는 머리의 앞면의 의미로, (3)에서는 생각이나 마음의 상태 등이 겉으로 드러난 표정이나 모습의 의미로 쓰였습니다.

헷갈리는 말 (1)에는 빛깔이나 색채를 가진다는 뜻인 '띤', (2)에는 두드러지게 드러난다는 뜻인 '띠는'이 들어가야 알맞습니다.

어휘 알기

통신, 혼잡, 실시간, 쾌적하다

독해력 기르기

01 ①, ③

02 (1) ○ (2) ✕ (3) ○

03 사물 인터넷

04 희도

05 ① 스마트 시티 ② 가로등 ③ 자율 주행

어휘력 더하기

외래어 (1)-카메라 (2)-인터넷 (3)-택시

낱말의 기본형 (1) 막다 (2) 꺼내다 (3) 찾아가다

| 독해력 기르기 |

01 이 글은 스마트 시티에 대해 알려 주는 글로, 스마트 시티의 뜻과 스마트 시티에서의 생활 모습에 대해 중심적으로 설명하고 있습니다.

02 스마트 시티는 환경 오염, 교통 혼잡 등 기존의 도시 문제를 해결하기 위한 미래형 도시입니다. 따라서 (2)의 설명은 알맞지 않습니다.

03 사물과 사물이 인터넷으로 연결되어 서로 정보를 주고받는 기술은 '사물 인터넷'입니다.

04 스마트 시티에서는 스마트 가로등이 스스로 범죄와 관련된 상황을 알아차려 범죄를 예방하고, 운전자 없이 스스로 달리는 자율 주행 자동차의 이용으로 생활이 편리해질 것이라고 했습니다. 따라서 윤주와 시완이의 말은 알맞지 않습니다.

05 스마트 시티의 뜻과 스마트 시티에서의 생활 모습을 중심으로 글의 내용을 요약해 봅니다.

| 어휘력 더하기 |

외래어 외래어는 외국에서 들어온 말로 우리말처럼 쓰이는 말입니다. 외래어도 표기법에 따라 바르게 써야 합니다. '카메라, 인터넷, 택시' 등 자주 쓰는 외래어의 올바른 표기법을 잘 익혀 두도록 합니다.

낱말의 기본형 (1) '막을'의 기본형은 '막다'입니다. (2) '꺼낼'의 기본형은 '꺼내다'입니다. (3) '찾아가서'의 기본형은 '찾아가다'입니다.

1일 여행가 김찬삼의 도전

55-57쪽

어휘 알기

감명, 도전, 지리

독해력 기르기

01 여행

02 (1) ○

03 ㉰

04 (1) ○   **05** (2) ○

06 ① 생생한 ② 문화 ③ 슈바이처

어휘력 더하기

합쳐진 말 해외여행, 발걸음, 이곳저곳

문장 부호 (1)-㉮ (2)-㉯

| 독해력 기르기 |

01 김찬삼은 어릴 때부터 전 세계를 여행하는 꿈을 가졌습니다.

02 선생님이 된 김찬삼은 학생들에게 직접 보고 느낀 생생한 지식을 가르치고 싶었습니다. 그래서 세계 여행을 가고 싶다는 마음이 더욱 커졌습니다.

03 김찬삼이 처음 세계 여행을 떠난 1958년은 6.25 전쟁이 끝난 지 얼마 안 된 때라 우리나라 사람이 해외여행을 가는 데 어려움이 많았습니다.

04 김찬삼이 여행지의 문화를 이해하기 위해 노력한 일로는 여행지에서 사람들이 주는 음식을 가리지 않고 잘 먹었다는 (1)의 내용이 알맞습니다.

05 이 글을 통해 김찬삼은 여행지의 문화를 이해하려고 노력했다는 것을 알 수 있습니다. 이와 비슷한 태도는 문화가 다른 외국인 친구를 배려한 (2)의 내용이 알맞습니다.

06 김찬삼이 한 일을 중심으로 글의 내용을 요약해 봅니다.

| 어휘력 더하기 |

합쳐진 말 일이나 여행을 목적으로 외국에 가는 일은 '해외'와 '여행'이 합쳐진 '해외여행'입니다. 발을 옮겨서 걷는 동작은 '발'과 '걸음'이 합쳐진 '발걸음'입니다. 여러 장소를 통틀어 이르는 말은 '이곳'과 '저곳'이 합쳐진 '이곳저곳'입니다.

문장 부호 (1)은 할 말을 줄인 것이므로 줄임표가 들어가야 알맞습니다. (2)는 묻는 문장이므로 물음표가 들어가야 알맞습니다.

2일 박지원의 열하일기

59-61쪽

어휘 알기

변두리, 바들바들, 번듯하다

독해력 기르기

01 청나라

02 (1) ㉮, ㉰ (2) ㉯, ㉱

03 (3) ○

04 (1) × (2) × (3) ○   **05** (1) ○

06 ① 수레 ② 질투심 ③ 장대

어휘력 더하기

낱말의 반대말 (1)-㉮ (2)-㉰ (3)-㉯ (4)-㉱

어울려 쓰는 말 (1) ○

| 독해력 기르기 |

01 이 글은 '나'(박지원)가 청나라를 여행하며 경험하고 생각한 것을 쓴 글입니다.

02 ㉮와 ㉰는 '나'가 청나라의 변두리 마을에서 직접 본 것을 표현한 문장이고 ㉯와 ㉱는 속으로 생각한 것을 표현한 문장입니다.

03 ㉠을 통해 '나'는 청나라의 발달된 모습을 보고 질투만 하지 말고 배울 점이 있으면 배워야 한다고 생각한 것을 알 수 있습니다.

04 '나'는 예전에 친구 홍대용으로부터 청나라의 발달된 모습에 대해 들은 적이 있다고 했을 뿐 함께 여행을 하고 있다는 내용은 나오지 않으므로 (1)의 내용은 알맞지 않습니다. '나'는 장대에서 만리장성을 보았다고 했지만 만리장성의 성벽을 따라 걸었다는 내용은 나오지 않으므로 (2)의 내용도 알맞지 않습니다.

05 이 글은 '나'(박지원)가 직접 청나라를 여행하고 쓴 글이므로 (2)의 내용은 알맞지 않습니다.

06 기행문의 요소인 여정, 견문, 감상에 따라 글의 내용을 요약해 봅니다.

| 어휘력 더하기 |

낱말의 반대말 (1) '곧다'의 반대말은 '굽다', (2) '가파르다(산이나 길이 몹시 기울어져 있다.)'의 반대말은 '완만하다(기울기가 가파르지 않다.)', (3) '올라가다'의 반대말은 '내려가다', (4) '싣다'의 반대말은 '내리다'가 알맞습니다.

어울려 쓰는 말 (2) '내일'과 어울리는 말은 '여행할 것이다', (3) '예전에'와 어울리는 말은 '들었다'가 알맞습니다.

어휘 알기

항해, 소동, 짓궂다

독해력 기르기

01 걸리버, 작은
02 (1) × (2) ○
03 (3) ○   **04** ④
05 (1) ○ (2) ○
06 ① 폭풍 ② 정원 ③ 친절

어휘력 더하기

뜻을 더하는 말 맨땅, 맨손, 맨발
틀리기 쉬운 말 (2) ○

| 독해력 기르기 |

01 이 글은 주인공 '나'(걸리버)가 작은 사람들이 사는 나라에 간 일을 중심으로 다루고 있습니다.

02 '나'는 항해하는 배에서 선원들을 치료하는 의사입니다.

03 항해 중 폭풍을 만나 정신을 잃었던 '나'가 깨어났을 때 온몸이 꽁꽁 묶여 있고 자신의 손가락 크기만 한 사람들이 화살을 거누며 몸으로 올라온 상황이라면 놀랍고 당황스러울 것입니다.

04 작은 사람들이 본 '나'의 모습을 생각해 봅니다. 작은 사람들이 '나'를 '산 같은 사람'이라고 표현한 것을 보면 그들에게 '나'는 거인으로 보였을 것입니다.

05 '나'는 작은 사람들이 음식을 주고 침대와 옷을 만들어 주는 등 친절을 베풀어 준 것에 대해 고마움을 느낀다고 했습니다. 따라서 (3)의 내용은 알맞지 않습니다.

06 일이 일어난 차례에 따라 글의 내용을 요약해 봅니다.

| 어휘력 더하기 |

뜻을 더하는 말 '맨'은 혼자서 쓰일 수 없지만 뜻이 있는 다른 낱말과 결합해 그 뜻을 더 자세하게 만들어 줍니다. '맨'이 붙어 만들어진 말을 써 봅니다.

틀리기 쉬운 말 (1) '짖궂은'은 '짓궂은'으로, (3) '짓굳게'는 '짓궂게'라고 써야 합니다.

어휘 알기

상공, 중력, 민간인

독해력 기르기

01 우주여행
02 (1) ○
03 ㉮   **04** ③
05 나래
06 ① 우주 ② 지구 ③ 달

어휘력 더하기

낱말의 반대말 좁다, 낮다, 싸다
헷갈리는 말 (1) ○ (3) ○

| 독해력 기르기 |

01 이 글은 현재의 기술로 실현 가능한 우주여행에 대해 설명하고 있으므로 가장 중심이 되는 낱말은 '우주여행'입니다.

02 전문 우주 비행사가 아닌 민간인, 즉 일반 사람들이 우주여행을 다녀온 것에 대해 진정한 우주 관광 시대가 열렸다고 했습니다.

03 ㉮에서 설명한 지구에서 멀리 떨어진 행성을 둘러보고 오는 여행은 현재의 우주여행 모습이 아니라 기술이 더욱 발달한 미래의 우주여행 모습입니다.

04 이 글은 과학 기술의 발달로 일반 사람들도 갈 수 있는 우주여행에 대해 설명하고 있습니다. 따라서 이제 우주여행은 '상상' 속의 이야기가 아니라 '현실'이 되었음을 알 수 있습니다.

05 아직은 아무나 쉽게 우주여행을 갈 수 없다고 했으므로 나래의 말은 알맞지 않습니다.

06 현재의 기술로 실현 가능한 우주여행을 중심으로 글의 내용을 요약해 봅니다.

| 어휘력 더하기 |

낱말의 반대말 '넓다'의 반대말은 '좁다', '높다'의 반대말은 '낮다', '비싸다'의 반대말은 '싸다'입니다.

헷갈리는 말 (2)에는 지나가는 길에 잠깐 들어가 머문다는 뜻인 '들르다'가 변한 '들를'을 써야 합니다.

5일 여행 예절을 지켜요
71-73쪽

어휘 알기

처벌, 무례하다, 신성하다

독해력 기르기

01 문화, 불쾌감
02 ⑤
03 (3) ○ 04 (3) ○
05 (2) ○
06 ① 존중 ② 예절 ③ 문화

어휘력 더하기

뜻이 비슷한 말 (1) 조사하다 (2) 무례하다 (3) 자랑하다
틀리기 쉬운 말 (1) 설레게 (2) 설렌다 (3) 설레어 (4) 설레는

| 독해력 기르기 |

01 글쓴이는 해외여행을 가서 그 나라의 문화를 잘 모르고 무심코 하는 행동 때문에 불편을 겪거나 다른 사람에게 불쾌감을 주는 일을 문제 상황으로 제시했습니다.

02 글쓴이는 다른 나라를 여행할 때 여행 예절을 잘 지켜야 한다는 주장을 펼치고 있습니다.

03 다른 나라를 여행할 때 여행 예절을 잘 지켜야 하는 까닭은 다른 나라에서 우리가 하는 행동은 그 나라 사람들이 우리나라를 평가하는 기준이 되기 때문이라고 했습니다.

04 세계 여러 나라에서 지켜야 할 예절이나 규칙에 대한 내용이 이어지므로 ㉠에는 '여행지의 문화나 풍습을 미리 알아 두는 것'이 들어가야 알맞습니다.

05 글쓴이는 다른 나라를 여행할 때는 그 나라의 문화를 존중해야 한다고 했습니다. (1)은 다른 나라의 문화를 존중하는 태도로 볼 수 없습니다.

06 문제 상황과 주장, 근거에 따라 글의 내용을 요약해 봅니다.

| 어휘력 더하기 |

뜻이 비슷한 말 (1) '조사하다'는 사물의 내용을 알기 위해 자세히 살펴본다는 뜻이고, (2) '무례하다'는 태도나 말에 예의가 없다는 뜻이고, (3) '자랑하다'는 자기 자신이 남에게 칭찬받을 만하다는 것을 드러내어 말한다는 뜻입니다.

틀리기 쉬운 말 '설레다'를 '설레이다'로 쓰지 않도록 합니다.

1일 냄새 맡은 값
77-79쪽

어휘 알기

억지, 치르다, 옥신각신

독해력 기르기

01 농부, 부자 영감, 농부의 아들
02 냄새
03 (1) ○ (2) ○ (3) ×
04 (2) ○ 05 (1) ○ (3) ○
06 ① 생선 ② 아들 ③ 소리

어휘력 더하기

흉내 내는 말 (1) 솔솔 (2) 옥신각신 (3) 짤랑짤랑
틀리기 쉬운 말 (1) 치르고 (2) 치르러 (3) 치렀으니

| 독해력 기르기 |

01 이 글에 부자 영감의 아내는 나오지 않습니다.

02 농부는 밭일을 마치고 집으로 가는 길에 부자 영감의 집 앞에서 생선 굽는 냄새를 맡았습니다.

03 농부는 부자 영감과 있었던 일을 아들에게 털어놓았으므로 (3)의 내용은 알맞지 않습니다.

04 이어지는 내용을 통해 농부 아들이 말한 좋은 생각이 무엇인지 알 수 있습니다. 농부 아들은 부자 영감에게 돈 소리를 들려주어 냄새값을 치렀습니다.

05 농부는 냄새값을 놓고 부자 영감과 다투었지만 부자 영감이 억지를 부리자 하는 수 없이 돈을 주겠다고 약속했으므로 (2)의 내용은 알맞지 않습니다.

06 일이 일어난 차례에 따라 글의 내용을 요약해 봅니다.

| 어휘력 더하기 |

흉내 내는 말 (1)에는 냄새나 가는 연기 따위가 가볍게 풍기거나 피어오르는 모양을 나타내는 '솔솔'이, (2)에는 서로 다투는 모양을 나타내는 '옥신각신'이, (3)에는 얇은 쇠붙이나 작은 방울 따위가 자꾸 흔들리거나 부딪쳐 울리는 소리를 나타내는 '짤랑짤랑'이 들어가야 알맞습니다.

틀리기 쉬운 말 '치르다'는 '주어야 할 돈을 내주다.', '무슨 일을 겪어 내다.'란 뜻으로 쓰이는 말입니다. '치르다'를 '치루다'로 쓰지 않도록 합니다. '치르다'는 문장 속에서 '치르고', '치르러', '치렀으니' 등으로 모양이 바뀝니다.

2일 맛을 느끼는 원리

어휘 알기

감칠맛, 풍부하다, 맛봉오리

독해력 기르기

01 ⑤

02 ㉰

03 시율

04 ③

05 ① 맛봉오리 ② 혀 ③ 냄새

어휘력 더하기

뜻이 여러 개인 말 (1) ③ (2) ② (3) ①
이어 주는 말 (1) 그리고 (2) 그래서

| **독해력 기르기** |

01 이 글은 코감기에 걸리면 왜 음식 맛을 제대로 느낄 수 없는지에 대한 궁금증을 바탕으로 맛을 느끼는 원리에 대해 설명하고 있습니다.

02 이 글에서 소개한 맛 실험을 통해 코를 막지 않고 음료수를 마셨을 때 맛이 더욱 풍부하게 느껴진다는 것을 알 수 있었으므로 ㉰의 내용은 알맞지 않습니다.

03 풍부한 음식 맛은 미각과 후각이 합쳐져 느끼는 것이라고 했습니다. 따라서 미각보다 후각이 훨씬 중요하다고 한 시율이의 말은 알맞지 않습니다.

04 코감기에 걸리면 냄새를 맡는 후각 기능이 약해지기 때문에 음식 맛을 제대로 느낄 수 없습니다.

05 우리 몸이 맛을 느끼는 원리를 중심으로 글의 내용을 요약해 봅니다.

| **어휘력 더하기** |

뜻이 여러 개인 말 '막다'는 여러 가지 뜻으로 쓰입니다. (1)에서는 어떤 일이나 행동을 못 하게 한다는 뜻으로 쓰였고 (2)에서는 트여 있는 곳을 가리게 둘러싼다는 뜻으로 쓰였습니다. (3)에서는 길, 통로 따위가 통하지 못하게 한다는 뜻으로 쓰였습니다.
이어 주는 말 (1) 앞의 문장에 덧붙이는 내용이 이어지고 있으므로 '그리고'가 들어가야 합니다. (2) 앞의 문장이 원인이고 뒤의 문장이 결과이므로 '그래서'가 들어가야 합니다.

3일 점자를 만든 루이 브라유

어휘 알기

맹아, 표기, 점자

독해력 기르기

01 (2) ○

02 (1) × (2) × (3) ○

03 야간 문자   04 (2) ○ (3) ○   05 (2) ○

06 ① 루이 브라유 ② 눈 ③ 점자

어휘력 더하기

낱말의 반대말 편리하다-불편하다, 복잡하다-단순하다, 쉽다-어렵다, 적다-많다, 입학-졸업
올바른 띄어쓰기 (1) ◎ (2) ⊠ (3) ⊠ (4) ◎

| **독해력 기르기** |

01 이 글은 실제로 살았던 인물의 삶과 업적을 사실에 바탕을 두고 쓴 글입니다.

02 루이 브라유는 세 살 때 사고로 왼쪽 눈을 다치고 이듬해 오른쪽 눈마저 감염이 되어 눈이 멀었다고 했고 열 살 때 파리 왕립 맹아 학교에 입학해 공부했다고 했으므로 (1)과 (2)의 내용은 알맞지 않습니다.

03 주어진 설명은 야간 문자에 대한 것입니다.

04 루이 브라유가 만든 점자는 점의 개수가 적어서 빨리 읽고 쓸 수 있다고 했으므로 (1)의 내용은 알맞지 않습니다.

05 루이 브라유 박물관에 새겨진 글귀라면 그의 업적을 기리고 평가하는 내용이 들어가야 합니다. 시각 장애인들을 위해 점자를 만든 루이 브라유를 평가하는 내용으로는 '앞을 보지 못하는 이들에게 지식의 문을 열어 주었다.'라는 내용이 알맞습니다.

06 루이 브라유의 성장과 활동, 업적을 중심으로 글의 내용을 요약해 봅니다.

| **어휘력 더하기** |

낱말의 반대말 '편리하다'의 반대말은 '불편하다', '복잡하다'의 반대말은 '단순하다', '쉽다'의 반대말은 '어렵다', '적다'의 반대말은 '많다', '입학'의 반대말은 '졸업'입니다.
올바른 띄어쓰기 (2) '여덟살'은 '여덟 살', (3) '다섯살'은 '다섯 살'로 띄어 써야 합니다.

4일 감각과 직업   89-91쪽

어휘 알기

향료, 탐색, 이색적

독해력 기르기

01 감각, 직업   **02** 조향사
03 (3) ○   **04** ③
05 (1)-(나) (2)-(가)
06 ① 후각 ② 맛 ③ 소리

어휘력 더하기

포함하는 말 (1) 오감 (2) 직업
말의 순서 (1) 조향사가 여러 가지 향료를 섞다. (2) 폴리 아티스트는 영화의 효과음을 만든다.

| 독해력 기르기 |

01 이 글은 감각을 활용한 직업에 대해 설명하고 있습니다. 따라서 가장 중심이 되는 낱말은 '감각'과 '직업'입니다. 글의 제목이나 글에서 가장 많이 나오는 낱말을 살펴보면 알 수 있습니다.

02 여러 가지 향료를 섞어 새로운 향을 만들거나 제품에 향을 더하는 일을 하는 사람은 조향사입니다.

03 향을 만드는 조향사는 냄새를 맡는 후각이 중요한 직업이고 커피 감별사는 커피의 맛과 향을 구별해 좋은 커피를 가려내는 일을 하는 사람이므로 (1)과 (2)의 내용은 알맞지 않습니다.

04 폴리 아티스트는 배우의 목소리와 음악을 제외한 모든 소리를 만든다고 했습니다.

05 인물의 발소리를 어떻게 표현할 것인가는 폴리 아티스트의 고민으로 볼 수 있습니다. 숲의 향기를 표현하기 위해 어떤 향료를 쓸 것인가는 조향사가 할 수 있는 고민입니다.

06 특정 감각을 중요하게 활용하는 직업의 예를 중심으로 글의 내용을 요약해 봅니다.

| 어휘력 더하기 |

포함하는 말 낱자를 이용해 다른 낱말을 포함하는 낱말을 만들어 써 봅니다. (1) 시각, 청각, 후각, 미각, 촉각을 포함하는 말은 오감, (2) 조향사, 커피 감별사, 폴리 아티스트를 포함하는 말은 직업입니다.
말의 순서 주어진 말의 순서를 바로잡아 올바른 문장을 써 봅니다.

5일 오감 기술, 어디까지 왔니?   93-95쪽

어휘 알기

실감, 시선, 인식

독해력 기르기

01 컴퓨터
02 (1)-(다) (2)-(나) (3)-(가)
03 나
04 (3) ○
05 ① 오감 ② 시선 ③ 촉각

어휘력 더하기

분(分)이 들어간 낱말 (1) 분류 (2) 분야 (3) 분석, 분야
올바른 표기 (1) 촉감 (2) 손가락

| 독해력 기르기 |

01 오감 기술은 사람이 감각을 느끼는 원리를 컴퓨터 기술에 적용한 것으로 오감 정보를 컴퓨터를 통해 이용하는 기술입니다.

02 오감 기술 중 시각 관련 기술은 사용자의 시선을 인식하는 휴대 전화, 청각 관련 기술은 사람의 말소리를 인식하는 인공 지능 스피커, 촉각 관련 기술은 촉감 아바타가 있다고 했습니다.

03 주어진 내용은 목소리를 인식하는 보안 장치에 관한 것이므로 청각 관련 기술을 소개하는 나 문단에 들어가야 알맞습니다.

04 오감 기술의 발달로 사람들의 생활은 더욱 즐겁고 편리해질 것입니다. 사람들이 다섯 가지 감각(오감)을 사용할 필요가 없어질 것이라는 (3)의 내용은 이 글을 읽고 생각할 수 있는 내용으로 알맞지 않습니다.

05 오감 기술이 무엇이고 어떻게 활용되고 있는지를 중심으로 글의 내용을 요약해 봅니다.

| 어휘력 더하기 |

분(分)이 들어간 낱말 '분(分)'이 들어간 낱말의 뜻을 보고 각 문장에 알맞은 말을 찾아봅니다.
올바른 표기 글자와 다르게 소리 나는 말은 발음대로 적지 않도록 합니다. (1) '촉깜'은 '촉감'으로, (2) '손까락'은 '손가락'으로 적어야 합니다.

메모